Elsa Bernstein
Erinnerungen an Theresienstadt

Elsa Bernstein

Das Leben als Drama

Erinnerungen an Theresienstadt

Herausgegeben von
Rita Bake und Birgit Kiupel

edition ebersbach

Bildnachweis:
Portraits Elsa Bernstein und Gabriele Porges als junge Frauen:
Privatbesitz Ruth Shimondle geb. Bernstein .
Portrait Elsa Bernstein in Theresienstadt: Aus Album mit Fotografien
und Lebensläufen von Prominenten aus dem Konzentrationslager
Theresienstadt. (BTA-265. Beit Terezin-Archiv Givat-Chaim, Israel).
Aktuelle Abbildung des ehemaligen Prominentenhauses L 126:
Gedenkstätte Theresienstadt, Pamatnik Therezin.
Lageplan von Theresienstadt: Aus: H. G. Adler: Die verheimlichte
Wahrheit. Theresienstädter Dokumente. Tübingen 1958.

Die Deutsche Bibliothek – CIP-Einheitsaufnahme
Rosmer, Ernst:
Das Leben als Drama : Erinnerungen an Theresienstadt /
Hrsg. von Rita Bake und Birgit Kiupel. – Dortmund : Ed. Ebersbach,
1999
  ISBN 3-931782-54-9

© Copyright 1999 edition ebersbach
Bornstr. 68, 44145 Dortmund
Umschlaggestaltung: Antje und Sybille Hassinger, Dortmund
Druck und Bindung: Optima, Ljubljana

Inhalt

I Wie Elsa Bernsteins Manuskript an die
 Öffentlichkeit gelangte   7

  Königskinder im Salon – Zum Leben und
  Schaffen Elsa Bernsteins   11

  Die Prominentenhäuser im Konzentrationslager
  Theresienstadt   31

II Die Erinnerungen von Frau Elsa Bernstein   41

Kurzbiographie Elsa Bernstein   173

Personenregister   175

Wie Elsa Bernsteins Manuskript an die Öffentlichkeit gelangte

Manche Manuskripte schlummern jahrzehntelang in festverschlossenen Schubladen, an geheimen Orten oder verstauben irgendwo in kaum genutzten Bücherborden – und gelangen nie ans Licht der Öffentlichkeit. Elsa Bernsteins Manuskript über ihre Zeit im Konzentrationslager Theresienstadt hätte wohl ein ähnliches Schicksal geteilt, das vielleicht sogar von der Autorin beabsichtigt gewesen war, denn Elsa Bernstein schrieb ihre Erinnerungen für ihre Familie auf – nicht für die Öffentlichkeit, obwohl sie, von Beruf Schriftstellerin, gewohnt war, ihre Theaterstücke und Dramen einem breiten Publikum zu präsentieren.

Das Manuskript, wahrscheinlich nach in Theresienstadt erstellten Notizen von Elsa Bernstein in ihren letzten Lebensjahren auf einer Blindenschreibmaschine verfaßt, wurde für die Familie in den USA und Hamburg auf Matrize vervielfältigt. Über freundschaftliche Bande gelangten die „Erinnerungen von Frau Elsa Bernstein" von der Enkelin Barbara Hauptmann (verheiratete Siegmann) an ihre Freundin Maria Holst.

Hier blieb das Manuskript weiter im Verborgenen, bis eines Tages das Telefon bei Maria Holst klingelte. Am anderen Ende Rita Bake von der Landeszentrale für politische Bildung in Hamburg. Sie recherchierte gerade für eine Publikation über Straßennamen in Hamburg und suchte Daten über deportierte Jüdinnen. Von Ursula Randt, einer Expertin zur Geschichte der Juden und Jüdinnen in Hamburg, hatte sie den Hinweis bekommen, bei Maria Holst nachzufragen.

Im Laufe des Telefonats erwähnte Maria Holst auch Elsa Bernstein und das unveröffentlichte Manuskript. Dieser Name war Rita Bake einige Jahre zuvor schon einmal zu Ohren gekommen, denn 1991 hatte Birgit Kiupel in einer Universitäts-Klausur Elsa Bernsteins längst vergessenes Drama „Dämmerung" analysiert und dazu ihren Enkel, den Hamburger Galeristen Michael Hauptmann befragt, der jedoch über kein weiteres biographisches Material verfügte. Er gab aber den Hinweis, daß eventuell seine Schwester Barbara Siegmann in Süddeutschland über einen Nachlaß von Elsa Bernstein verfügen würde. Diese Spur wurde damals nicht weiterverfolgt, obwohl Elsa Bernstein und ihr Schaffen unter dem Pseudonym Ernst Rosmer Thema blieb. Etwa in einer von Birgit Kiupel konzipierten Sendereihe des NDR-Hörfunks über Engelbert Humperdinck – in der auch seine Märchenoper „Königskinder" vorgestellt wurde – nach dem gleichnamigen Märchendrama Ernst Rosmers. Dazu wurde auch Humperdincks Enkelin Dr. Eva Humperdinck interviewt, doch auch hier blieb das Bild der Dramatikerin Elsa Bernstein blaß. Um so aufregender dann Jahre später die Nachricht vom Manuskriptfund – ein Kreis schien sich zu schließen.

Die Erinnerungen Elsa Bernsteins, die ein Thema behandeln, das in der deutschsprachigen Literatur zum Konzentrationslager Theresienstadt bisher vernachlässigt wurde, nämlich das Leben in den dortigen Prominentenhäusern, sind es wert, einer breiten Öffentlichkeit vorgestellt zu werden.

In dem Dortmunder Verlag „edition ebersbach" gewann die Landeszentrale für politische Bildung einen Kooperationspartner, mit dessen Hilfe die Landeszentrale für politische Bildung nun das Thema in den Vordergrund rücken kann, von dem bisher nur wenige Menschen etwas wissen.

Dr. Rita Bake, Birgit Kiupel M.A.

An dieser Stelle möchten wir ausdrücklich denjenigen danken, die uns mit Informationen und weiterem Material behilflich waren: Neben Maria Holst und Elsa Bernsteins Verwandten Barbara Siegmann, geborene Hauptmann, und Ruth Shimondle, geborene Bernstein, der Gedenkstätte Theresienstadt (Pamatnik Therezin) und dessen Leiter H. Blodik, der Direktorin des Beit Terezin-Archivs in Givat Chaim (Israel) Anita Tarsi, Herrn Professor Bialasiewicz, Oberarzt der Augenklinik des Universitäts-Krankenhauses Hamburg-Eppendorf, Frauke und Günter Härtel sowie Beate Görig für ihre engagierte Hilfe bei der Recherche nach Personaldaten ehemaliger Gefangener des Konzentrationslagers Theresienstadt.

Königskinder im Salon
Zum Leben und Schaffen Elsa Bernsteins
alias Ernst Rosmer

„Herr Riemer hat mich aus der Kenntnis meiner ihm übergebenen Personalien als Ernst Rosmer verraten. Die Frankfurter Sängerin sagt mir, daß sie als Kind das Besenbindermädchen in den Königskindern gesungen", erinnert sich Elsa Bernstein an einen sogenannten „Cabaret-Abend" in ihrem Mehrbett-Zimmer im Prominentenhaus des Konzentrationslagers Theresienstadt.

Immer wieder wird Elsa Bernstein in Theresienstadt auf ihr Märchendrama „Königskinder" angesprochen, das ihr nachhaltig Aufmerksamkeit und Anerkennung sicherte.

„Königskinder", ein deutsches Märchen in drei Akten, sollte für Elsa Bernsteins Lebensweg eine zentrale Rolle spielen. 1894 erstmals im Verlag Samuel Fischer[1] erschienen, wurde die Legende um die tragisch endende Liebe zwischen einem Königssohn und einer Gänsemagd, die das uneheliche Kind einer Henkerstochter und eines Henkersknechts ist, ein großer buchhändlerischer Erfolg. Doch mit Beginn der Herrschaft der Nationalsozialisten geriet die betagte und erblindete Dichterin Elsa Bernstein ins Kreuzfeuer der Rassisten. Ihr Pseudonym Ernst Rosmer schützte zwar noch einige Zeit das Buch, das noch bis 1942 publiziert wurde – 1941 war das 191.000 ste Exemplar[2] erschienen – und bis 1943 als Märchenoper „Königskinder", vertont von Engelbert Humperdinck, auf den Bühnen gespielt wurde. Die 75jährige Elsa Bernstein hingegen wurde am 25. Juni 1942 mit ihrer Schwester Gabriele deportiert – zunächst in das Vernich-

---

[1] S. Fischer Verlag. Vollständiges Verzeichnis aller Werke. Frankfurt a. M. 1956, S. 13.
[2] Diese Angaben aus: S. Fischer Verlag. Von der Gründung bis zur Rückkehr aus dem Exil. Eine Ausstellung des Literaturarchivs im Schiller Museum in Marbach am Neckar. Marbach 1985, S. 137 und S. 573.

tungslager Dachau, dann einen Tag später nach Theresienstadt.

Wer war Elsa Bernstein, die sich hinter dem männlichen Pseudonym Ernst Rosmer verbarg – als Reverenz an Henrik Ibsen und sein Stück „Rosmersholm" um den Pfarrer Johannes Rosmer, der „alle Menschen im Lande zu Adelsmenschen" machen wollte?[3] In welchem Umfeld entstand ihr durchschimmernder „hoher Ton", das elitäre Bewußtsein, aber auch die genaue Beobachtung des alltäglichen Lebens – trotz schwerer Augenkrankheit?

Die vielen Fragen, die sich aus der Lektüre der Werke Elsa Bernsteins ergeben, können nur vereinzelt an das biografische Material gestellt werden, da ihr Nachlaß und auch der ihres Mannes Max Bernstein von den Nationalsozialisten wohl komplett vernichtet worden ist.[4] Die persönlichen und gesellschaftlichen Hintergründe ihres Schreibens, ihres Denkens und Fühlens können vielfach nur behutsam aus Texten, in denen auch biografische Spuren enthalten sein könnten,

---

[3] Henrik Ibsen: Rosmersholm. In: Gesammelte Werke. Julius Elias u. Paul Schlenther (Hrsg.), Bd. 4. Berlin o. J., S. 446.

[4] Der gesamte Nachlaß soll vernichtet worden sein, als Elsa Bernstein in Theresienstadt interniert war. Briefe und Erstausgaben waren Dr. Manfred Schumacher, Hamburg, zugedacht – wurden nach dessen Aussage 1942 vernichtet. Die Familie ist nur noch im Besitz gedruckter Werke von Elsa Bernstein. Vgl. Ulrike Zophoniasson-Baierl: Elsa Bernstein alias Ernst Rosmer. Eine deutsche Dramatikerin im Spannungsfeld der literarischen Strömungen des Wilhelminischen Zeitalters. Bern, Frankfurt a. M., New York 1985. Valeria Inzinger hat am 13.11.1984 für ihre Magisterarbeit noch mit der inzwischen verstorbenen Eva Hauptmann, der Tochter Elsa Bernsteins, telefonieren können, die die Vernichtung des Nachlasses durch die Nationalsozialisten bestätigte. Vgl. Valeria Inzinger: Ernst Rosmer. (Pseudonym für Elsa Bernstein) Leben und Werk. Unveröffentlichte Magisterarbeit am Institut für Germanistik der Universität Regensburg 1985. Regensburg 1985, S. 12. Kompromittierendes Material aus den Anfangszeiten der NSDAP könnten ein Grund dafür gewesen sein. Vgl.: Jürgen Joachimsthaler: Max Bernstein. Kritiker, Schriftsteller, Rechtsanwalt (1854–1925). Frankfurt a. M. 1995, S. 5.

gefiltert werden. Und aus Zeugnissen von Zeitgenossinnen und Zeitgenossen.

So erzählt die Germanistin und Schönstätter Marienschwester Dr. Eva Humperdinck, Enkelin des ehemaligen Wagner-Assistenten und Komponisten Engelbert Humperdinck, von den nicht immer märchenhaften Entstehungsbedingungen der nach Ernst Rosmers Vorlage in Musik übertragenen „Königskindern".[5] Als Melodram mit gesprochenen Texten wurden die „Königskinder" 1897 im Münchener Hoftheater mit Erfolg uraufgeführt. Am 28.12.1910 ging das Stück, zur Märchenoper durchkomponiert, in der Metropolitan Opera in New York das erste Mal über die Bühne und wurde als „wertvollste deutsche Oper der Nach-Wagnerischen Zeit"[6] gefeiert. Frau „Justizrat Elsa Bernstein in München" erhielt ein Viertel des Autorenhonorars. Plastisch und enthusiastisch entwirft Eva Humperdinck das Bild ihres Großvaters, die Dichterin hingegen bleibt rätselhaft: „Eines Tages, es war im Dezember 1894, hat Heinrich Porges seinem Freund Engelbert Humperdinck das neueste Märchendrama seiner Tochter mit dem Titel 'Königskinder' geschickt und ihn gebeten, es durchzulesen, ob er nicht etwas Musik dazu machen wolle. Engelbert Humperdinck las das Buch in der Bahn während er nach Wien zur Aufführung von 'Hänsel und Gretel' fuhr und war hell begeistert, obwohl das Buch in seiner Ursprungsform in mancher Hinsicht etwas schwülstig war und manches sehr Frivoles enthielt." So z. B. die Begrüßungsworte des Spielmannes an die Hexe:

„Schlanker Frauenzelter, laß Dich besteigen./ Doch merk ich, Deine Jugend ist spröde,/und vor der ersten Liebesnacht ist auch der brünstigste Bursche blöde."

---

[5] Eva Humperdinck (Hrsg.): Königskinder. Briefe und Dokumente zur Entstehungs- und Wirkungsgeschichte der Märchenoper. Koblenz 1993.

[6] New Yorker Staatszeitung vom 29.12.1910, zit. nach: Eva Humperdinck, 1993, S. 134.

Diese Zeilen strich Humperdinck allerdings in seiner vertonten Version.

Eine Vatertochter

Elsa Bernstein wurde am 28.10.1866 in Wien geboren und „war der Liebling, zugleich ein wenig der Tyrann der Familie, ein regelrechtes Wunderkind. Mit sieben Jahren machte sie schon Gedichte über alles mögliche und führte neunjährig ein Theaterstück auf, Verfasser und Schauspieler in einer Person vereinigend."[7]

Elsa war eine Vatertochter, Tochter des „Johannes des Wagnertums", des Dirigenten, Musikschriftstellers und Wagner-Mitarbeiters Heinrich Porges (25.11.1837–17.11.1900), den wohl Ludwig II. als Kapellmeister nach München berief, wo er auch Direktor der königlichen Musikschule wurde. 1876 arbeitete er bei der Einstudierung der Bayreuther Festspiele mit, gründete 1885 den Münchener Chorverein und wechselte 1882 zu den Münchner Neuesten Nachrichten – zwei Jahre vor Max Bernstein.[8] Heinrich Porges, jüdischer Herkunft und bereits in seiner Heimatstadt Prag eine musikalische und gesellschaftliche Kapazität, ließ sich erst spät in München zusammen mit seiner Frau und Elsa protestantisch taufen – und hatte eine „fast tragische Sehnsucht zum Germanentum", wie es Kurt Wiener ausdrückt. Seiner Erziehung soll sie „das starke deutschnationale Element in ihren Werken verdanken".[9]

Seine prägende Bedeutung wird auch in den vorliegenden Erinnerungen von Elsa Bernstein deutlich. Sie hat Kurt Wiener das Verhältnis zu ihren Eltern so beschrieben: „Ich

---

[7] Kurt Wiener: Die Dramen Elsa Bernsteins (Ernst Rosmer). Diss. Wien 1923. S. 2.

[8] Jürgen Joachimsthaler, 1995, S. 334.

[9] Kurt Wiener, 1923, S. 2.

habe meinen Vater sehr geliebt (...) ich möchte sagen – so eigentümlich das auch klingt – den Geist noch mehr als den Menschen. Als Mensch stand mir meine Mutter näher. Sie war die temperamentvollere, farbiger, fast möchte ich sagen, künstlerischer. Sie soll als junges Mädchen reizende Verse gemacht haben. Aber als Erkenner, geistiger Überwinder und ganz Erdunbedürftiger, glücklich nur in der reinen Sphäre der Idee, war mein Vater tiefinnerlich der Entscheidende."[10]

Ihre Tochter Eva Hauptmann faßte knapp zusammen: „Heinrich Porges war für sie der große Mann, ihn verehrte sie – und Richard Wagner."[11]

Die Welt der Sagen und der religiös aufgeladene Kosmos Richard Wagners beeindruckten und inspirierten Elsa früh. 1876 setzte sie mit stundenlangem Weinen durch, bei der Erstaufführung vom „Ring der Nibelungen" dabei zu sein: „Ich durfte dem letzten Zyklus beiwohnen und ward Richard Wagner als die jüngste Festspielbesucherin vorgestellt."

Ihrem programmatischen Vornamen Elsa wird sie nicht nur durch ihre blonden Locken gerecht. Wie empfand sie das Spannungsfeld jüdischer Herkunft, Erziehung im Geiste des Protestantismus, Taufe als junges Mädchen und rassistischer Hetze? Einblicke in ihre religiösen Überzeugungen gibt die in dieser Publikation von ihr rekapitulierte Rede, die sie auf Bitten Dr. Stargards an einem Sonntagnachmittag in der „kleinen evangelischen Gemeinde" des Konzentrationslagers Theresienstadt vorträgt: „Kleines Bekenntnis zum großen Geheimnis des Glaubens, unserm evangelischen Glauben." Sie hält diesen für Verständnis und Toleranz über die weltanschaulichen Grenzen hinweg werbenden Vortrag kein zweites Mal, trotz vieler Bitten, die sie mit den ihr üblichen

---

[10] Kurt Wiener, 1923, S. 2.
[11] Elsa Bernsteins Tochter Eva Hauptmann in einem Telefongespräch mit Valeria Inzinger am 13.1.1984. Zit. nach: Valeria Inzinger, 1985, S. 21.

Bescheidenheits-Formeln ablehnt. Wir erfahren an anderer Stelle, wie fremd ihr die Ausprägungen des Judentums erscheinen. So beginnt sie zwar Hebräisch zu lernen, aber „ich habe weder Abneigung noch Neigung für diese unendlich schwierige und mir völlig lautfremde Sprache." Der Mangel an Toilettenpapier, einer der vielen „Nöte im Prominentenhaus" wird für sie pragmatisch, für andere blasphemisch behoben: „Und wenn Franzi, die alles fertigbringt, nicht einige zerrissene alte hebräische Gebetbücher aufgetrieben hätte – ich bin sicher, der Gott Israels wird es mir verzeihen."

Zwischen Bühne und Schreibmaschine

Elsa Bernsteins Leben war davon gekennzeichnet hinaus zu gehen, auf die Bühne, in den literarischen Betrieb und in die Salons.
Zunächst war ihr sehnlichster Berufswunsch Schauspielerin. Mit sechzehn Jahren wurde sie am Magdeburger Stadttheater engagiert und trat dort ab 1883 in kleineren Lustspielrollen auf. Dann unterschrieb sie einen Vertrag mit dem herzoglichen Hoftheater in Braunschweig, „wo wir sie ab August 1884 in den Spielplänen entdecken können, nachdem sie bereits zu Beginn des Jahres 1884 in Magdeburg auch in ernsthaften Stücken hatte mitwirken dürfen, etwa in Schillers 'Jungfrau von Orleans', in Shakespeares 'Sommernachtstraum' (...). Zwischen 1884 und 1886 sind insgesamt 37 verschiedene Rollen nachweisbar. 1887 spielte sie noch neben der Ursula in Shakespeares 'Viel Lärm um nichts', in Lustspielen wie 'Bürgerlich und Romantisch' und 'Alte Mädchen' mit, dann aber erkrankte sie schwer an den Augen und mußte, in akuter Erblindungsgefahr, ihre Theaterkarriere abbrechen. Sie kehrte nach München zu-

rück, mußte (...) das Bett hüten und ließ sich von Max Bernstein pflegen."[12]
Leider ist mangels Quellen nicht mehr nachzuvollziehen, wie Elsa Bernstein ihren beruflichen Werdegang einschätzte. An Selbstvertrauen, an früher Vertrautheit mit dramatischen Situationen im Alttag und auf der Bühne scheint es nicht gefehlt zu haben. Ihre Tochter Eva sagte später: „Es war charakteristisch für sie, daß sie nach dem erzwungenen Abbruch ihrer Schauspielerkarriere etwas für sich gefunden hatte, nämlich im modernen Sinn Dramen zu schreiben."[13]

---

[12] Jürgen Joachimsthaler, 1995, S. 335f. Vielleicht könnte Elsa Bernsteins Stück „Dämmerung" (1893) über die Art der Augenerkrankung Elsa Bernsteins Auskunft geben? Was konnte sie sehen, was nicht? Farben und Lichtverhältnisse scheint sie bis ins hohe Alter gesehen zu haben – so berichtet die Enkelin Barbara Siegmann, daß die Farbe ihres roten Kleides von Elsa Bernstein erkannt wurde. Doch mußte Elsa Bernstein bereits als junges Mädchen öfter im Halbdunkel, einer Art „Dämmerung" , ihre Augen schonen. Eine klare Aussage, eine ärztliche Diagnose ist bis jetzt nicht nachweisbar. Sehr detailliert und fachkundig hat Elsa Bernstein die Augenkrankheit ihrer Protagonistin Isolde recherchiert und geschildert. Die junge Ärztin Sabine Gräfe nimmt sich für die Behandlung sehr viel Zeit und schreckt auch vor intimen an Tabus wie Lues rüttelnden Fragen an den Vater Isoldes nicht zurück. Tatsächlich könnte eine Geschlechtskrankheit der Eltern Isoldes Augenleiden hervorgerufen haben, der Vater sich also in dieser Hinsicht „schuldig" gemacht haben. Die entsprechenden Passagen des Stückes kommentierte der Oberarzt der Augenklinik der Hamburger Universitätsklinik Eppendorf, Prof. Dr. A. Bialasiewicz, am 26.4.1999: „In der genannten Zeit waren bei jungen Patienten die Erkrankungen ʻscrophulöse Keratitisʼ, die zu Hornhautnarben mit Erblindungsfolge führten, aber keine Iritis bewirkten, am häufigsten.
Als zweite Entzündung kommt tatsächlich eine konnatala Syphilis in Betracht, hierzu paßt der Erkrankungsbeginn (2. Lebensdekade), die intraokulare Entzündung und das Sekundärglaukom. Ich denke, daß diese Diagnose am zutreffendsten ist. Auch die damalige Quecksilbertherapie paßt dazu, keine andere Augenerkrankung wurde derart therapiert."
[13] Eva Hauptmann, zit. nach Valerie Inzinger, 1985, S. 27.

Es spricht für ein aufgeschlossenes, liberales Umfeld, daß Elsa Bernstein ihrem Beruf nachgehen konnte – im Gegensatz etwa zu bürgerlichen Familien, in denen die Hinwendung eines Mädchens zur Schauspielerei, zum Theater einem Statusverlust gleichkam.
Zwischen 1891 und 1910 schrieb sie 14 Bühnenstücke, außerdem wurden Novellen und Gedichte veröffentlicht. Bei aller häuslichen Unterstützung und eigenen Produktivität hatte Elsa Bernstein jedoch auch mit den wilhelminischen Geschlechterkonstruktionen zu kämpfen, die Frauen eine eigene Stimme verweigerten. Vor diesem Hintergrund ist auch das männliche Pseudonym zu erklären: „Woher es nur rühren mag, daß die Frau, die doch auf dem Felde des Romans und der Lyrik so manche Probe wunderbarer Gestaltungskraft lieferte, bisher auf dem Gebiete der höchsten dichterischen Gattung, im Drama, fast gänzlich versagte?" Johannes Wiegand beantwortet sich seine Frage 1903 selbst, indem er schreibt: „weil die dramatische Gestaltungskunst einen Kraftmenschen erfordere, der rücksichtslos auf sein Ziel losgeht."[14] Auch die Naturalisten konnten wenig mit umwälzend neuen Rollenmodellen für Frauen anfangen.[15]
Elsa Bernstein war zwar nicht das „erste Weib, (...) dessen dramatisches Wirken ernstgenommen wird, aber doch eine der wenigen, die in solch illustren Kreisen wie dem der Freien Bühne Aufnahme fand."[16]
Von einem recht liberalen Klima geprägt war der Verein die „Freie Bühne" in Berlin, der nicht-öffentliche Aufführungen

---

[14] Zit. nach Monika Meister: Ernst Rosmer alias Elsa Brnstein. Das vergessene Leben und Werk einer Münchner Schriftstellerin. Eine Sendung in der Reihe „Land und Leute", Bayern 2, Sonntag, 12. Mai 1991, 13.30–14.30 Uhr. Manuskript, S. 9.
[15] Zum ambivalenten Verhältnis vieler Vertreter des Naturalismus zur sogenannten Frauenfrage siehe Michaela Giesling: Ibsens Nora und die wahre Emanzipation der Frau. Zum Frauenbild im wilhelminischen Theater. Frankfurt a. M. 1984.
[16] Michaela Giesing, 1984, S. 187.

mit Profi-Darstellern und Regisseuren organisierte, um die preußische Zensur zu umgehen.
Hier fanden Elsa Bernsteins erste Stücke ein Forum. Im Mitgliederverzeichnis tauchten so prominente Namen auf wie Hedwig Dohm, Hofbuchhändler S. Fischer, Frau Max Liebermann oder Lina Morgenstern.[17] „Nach der ersten Werbeaktion bestand die Mitgliedschaft zu vier Fünfteln aus den 'jüdischen Herrschaften' der Reichshauptstadt – namentlich wohl aus Kauf- und Bankleuten sowie Rechtsanwälten, Ärzten, höheren Beamten, Professoren und anderen Vertretern des gehobenen Bildungsbürgertums. Aus Hof-, Adels- und Offizierskreisen enthielt die Liste nur wenige Namen (...). Nur zwei Reichstagsabgeordnete waren beigetreten."[18]
Für Autoren wie Gerhart Hauptmann wurde die „Freie Bühne" zum Karrieresprungbrett. Doch für Elsa Bernstein gestaltete sich dies anders. Zwar stießen ihre Stücke auf große Resonanz – ernteten heftige Kritik wie großes Lob – wie etwa vom Literaturprofessor Robert Franz Arnold, der 1908 bedauerte, daß Elsa Bernstein, als eine der wenigen hervorragenden Dramatikerinnen der deutschen und der Weltliteratur noch nicht genügend anerkannt werde.
Elsa Bernsteins Werk wurde vielfach im Hinblick darauf beurteilt, wie und was eine Dame, eine „Frauenseele" nun schreiben durfte oder nicht. Kriterien, mit denen sich etwa ein Gerhart Hauptmann nicht herumschlagen mußte.
Irritierend wirkte ihre häufig derbe Sprache, die oftmals vor Kraftausdrücken, aber auch vor der tabulosen Schilderung von Sexualität und ihren Folgen, wie etwa Geschlechtskrankheiten, nicht zurückschreckte. Ein Thema übrigens, das sie auch als alte Dame in ihren Erinnerungen nicht aus-

---

[17] S. Fischer Verlag, 1985, S. 137.
[18] Peter de Mendelsohn: S. Fischer und sein Verlag. Frankfurt a.M. 1970, S. 96. Zit. nach: Norbert Jaron, Renate Möhrmann, Hedwig Müller: Berlin – Theater der Jahrhundertwende. Tübingen 1986, S. 22.

grenzt, wenn sie etwa berichtet, wie der Entdecker des Salvarsans, Paul Ehrlich, vor dem Kaiser referieren soll und das „gefährliche Wort Syphilis" mit dem nicht „ganz so deutlichen Lues" ersetzte.

Trotz ihrer Produktivität blieb ihre Aufführungsbilanz mager, ihren Stücken wurde kein Platz im Bühnenrepertoire zugewiesen. Das Verhältnis zu Gerhart Hauptmann, ein künstlerischer, aber auch in die Familie eingebundener Weggefährte, verdiente in mehrfacher Hinsicht eine kritische Aufarbeitung. 1919 heiratete sein Sohn aus erster Ehe (mit Marie Thienemann) Elsa Bernsteins Tochter Eva. Die Familien pflegten enge Kontakte. Doch ist der gegenseitige künstlerische Einfluß noch nicht näher erforscht worden. Kurt Wiener bemerkte schon 1923: „Merkwürdig, wie sehr die Kunstformen Rosmers denen Gerhart Hauptmanns ähnlich sind. Und doch kann man kaum von einer stärkeren Beeinflussung des verwandten Dichters sprechen. Vielfach tritt Rosmer mit der neuen Form zuerst hervor. Beide Dichter begannen naturalistisch (...). Dann wandte sich Rosmer mit ihrem Märchenspiel 'Königskinder' der Neuromantik zu (1895), ebenso Hauptmann, der seine 'Versunkene Glocke' schrieb (1896). Beide kehrten zum Naturalismus zurück."

Selbstverständlich gibt es auch zu anderen bekannten Autoren Verbindungen: „Rosmers Märchendrama wurde mit Thomas Manns Märchen 'Königliche Hoheit' in Verbindung gebracht. Merkwürdig zumindest bleibt, wie sich die Motive in Roman und Leben verschlingen."[19]

Verschlungene Wege ging Elsa Bernstein auch in ihrer literarischen Produktion – hier passen Etiketten wie: Vom Naturalismus zur Neuromantik – von der Neuklassik zum Symbolismus. In ihren Stücken beschreibt Elsa Bernstein heikle Themen wie Partnerschaftsprobleme, Dreiecksverhältnisse, Sexualität, Berufstätigkeit der Frau – und ist dabei auch

---

[19] S. Fischer Verlag, 1985, S. 137.

durchaus beeinflußt von der Frauenbewegung der 90er Jahre.

Wie Männer für die Frauenfrage interessiert und mobilisiert werden können, erläuterte Elsa Bernstein 1904 in ihrer Rezension der Schriften Friedrich Naumanns[20]: „Die Stellung auch des wohlwollenden Mannes gegenüber der Frauenfrage ist eine abwartende (...). Er erklärt sich einverstanden damit, die Frau die Probe der freien Entwicklung machen zu lassen, und es ist bedeutsam, daß vor allem das Vatergefühl ihn zur Hilfe auffordert (...). Vatergefühl des Mannes aber ist ein Kulturgefühl (...). Die Frauen sollten nur mit dem besten Teil der männlichen Gegner rechnen und versuchen, sich diesen mit Aufrichtigkeit und einfacher Bitte zu verpflichten; ich kann das neue Kulturziel nicht gegen dich, nicht ohne dich, und ich will es nur mit dir erreichen."

Wie Elsa Bernstein mit den unterschiedlichen Rollen und Erwartungen an eine Frau des Bürgertums gespielt hat, zeigt Rainer Maria Rilkes Eindruck aus dem Jahr 1897, als er auf dem „Sonntagsempfang der Frau Bernstein-Rosmer" Gelegenheit hat, „jedesmal aufs Neue zu staunen, wie zart und weiblich – im besten Sinne – die blasse, blonde Frau, die durch ihre realistischen Schauspiele berühmt wurde, ist. Wie stolz sie als Hausfrau, wie liebreich sie als Mutter der kleinen Eva sein kann und wie gern sie gesteht, daß sie ihre Stücke an dem kleinen Nähtischchen auf der Fensterstufe schreibt. Sie ist selbst eine leise und weiche Natur und steht dem 'Frauenemancipationstreiben', welches reichlich in Blüte steht, ganz fern."[21]

Nach 1910 ließ ihre literarische Produktion nach. Die Gründe sind noch unbekannt. Es folgten noch drei Schauspiele, die wohl weder gedruckt noch aufgeführt wurden.

---

[20] Zit. nach: Jürgen Joachimsthaler, 1995, S. 337.
[21] Rainer Maria Rilke: Sämtliche Werke. Aufsätze, Anzeigen, Betrachtungen aus den Jahren 1893–1905 in zeitlicher Folge. Frankfurt a. M. 1975, S. 331f.

Der engste Kreis – Max Bernstein und Gabriele Porges

Er war zwölf Jahre älter als Elsa Bernstein, der Rechtsanwalt und spätere Justizrat Max Bernstein, „konfessionslos, seit die Volljährigkeit ihm das Selbstbestimmungsrecht freigegeben", wie Elsa Bernstein schreibt. Seit 1879 war er Gast im Hause Porges, wo ihn die dreizehnjährige Elsa Bernstein kennenlernte. Ihr gemeinsames Interesse für Literatur und Theater mag erste Brücken geschlagen haben, vom „wohlwollenden Erzieher" zu dem im Laufe der Jahre „Vertrautheit, Zuneigung, schließlich das Gefühl gegenseitiger Unentbehrlichkeit" entstand. Auch er entsprach nicht, wie Elsa Bernstein betont, dem Klischee eines Juden: „Max Bernstein, von dem in späteren Jahren Theodor Fontane einmal sagte, bis auf den Namen habe das Bajuwarische alles Rassische in ihm aufgesogen ..."

Bernstein stellte seine juristische und literarische Arbeit in den Dienst fortschrittlicher politischer Ziele. Er verteidigte Sozialisten, bekämpfte das Sozialistengesetz, engagierte sich für die Weimarer Republik, für Demokratie, Rechtsstaat und soziale Gerechtigkeit – und gegen „den Völkerwahnsinn genannt Krieg". In seinen letzten Lebensjahren war er Sozialdemokrat, aber kein Parteimitglied.

Bernstein setzte sich ein für die Gleichstellung der Arbeiter und der Frau. Er plädierte dafür, „daß vom erwachsenen Weibe, wie vom erwachsenen Manne gefordert wird, daß es irgendetwas gründlich verstehe, daß es irgendeine Domäne menschlicher Arbeit sicher und ganz beherrsche."[22] Er lieferte wohl die früheste, durchweg zustimmende Rezension von Ibsens „Nora"[23] – mit dem ersten unveränderten Orginalschluß, in dem Nora ihren Ehemann und ihr Kind verläßt.

Für Max Bernstein hatte das Theater eine eminent politische Funktion. Andere Formen und Inhalte sollten auch andere

---

[22] Zit. nach: Jürgen Joachimsthaler, 1995, S. 341.
[23] Jürgen Joachimsthaler, 1995, S. 320f.

Bevölkerungsgruppen erreichen, im Dienste einer umfassenden Reformierung der Gesellschaft. Unermüdlich verfaßte er Theaterstücke, Erzählungen und engagierte Theaterkritiken. Am 21. Oktober 1890 heirateten Elsa Porges und Max Bernstein standesamtlich, eine kirchliche Trauung kam wegen Max Bernsteins Konfessionslosigkeit nicht in Frage, sehr zum Bedauern der Eltern.[24]

Über konkrete Szenen dieser Ehe ist fast nichts überliefert. Die wenigen Quellen könnten zumindest den Schluß zulassen, daß das Ehepaar Bernstein in der alltäglichen Praxis dem Puppenheim Noras ein alternatives Modell vorlebte. Elsa Bernstein soll eine Affaire mit dem Kinderarzt Dr. Hutzler gehabt haben[25] – die aber mit Rücksicht auf ihre Ehe beendet wurde.

Jürgen Joachimsthaler kommt zu dem Schluß: „Max Bernstein verdiente das Geld und Elsa widmete sich ihrem literarischen Schaffen."[26] Ein Zeitgenosse weiß: „Die Erzeugnisse ihrer Muse hat Max Bernstein nie als Stiefkinder behandelt. Vielmehr war er ihnen von jeher ein guter Nähr- und Pflegevater und liebte sie herzlicher als die Geschöpfe seiner eigenen Laune."[27] Aber leider wissen wir nicht aus Elsa Bernsteins Perspektive, wie sie Ehe, Mutterschaft und literarisches Schaffen vereinbart hat: drei Kinder kamen zur Welt, am 9.3.1894 Eva, am 16.2.1897 Maria (gest. 13.6.1897) und am 8.10.1898 Hans-Heinrich. In diversen Stücken wurde das Thema „Mutterschaft und Verzicht" durchgespielt und ein spezifischer Mütterlichkeitskult zelebriert.[28] Hier lassen sich Hinweise auf den Preis finden, den die Balance zwischen den Ansprüchen anderer und ihren eigenen Wünschen forderte. Ihre Tochter Eva Hauptmann erinnerte sich: „Sie war ein sehr disziplinierter Mensch. Sie war von

---

[24] Ebda., S. 343.
[25] Ebda., S. 352.
[26] Ebda., S. 347.
[27] Paul Schlenther. Zit. nach Jürgen Joachimsthaler, 1995, S. 347.
[28] Vgl. Michaela Griesing, 1984, S. 189.

früh bis spät tätig und hatte einen eingeteilten Tag mit Stundenplan. Meine Mutter war eine 'typisch moderne Frau' und für moderne Erziehung. Ich hatte eine wunderbare Erziehung."[29]

Max Bernstein unterstützte seine Frau bei ihrer schriftstellerischen Tätigkeit – so gab es „in dieser guten Zeit" vier Dienstbotinnen.[30] Außerdem wollte er seine Gattin von den Zwängen des literarischen Marktes freihalten, damit sie ihr Talent frei entfalten könne. Für sich reklamierte er die Rolle des Ernährers: „(...) und wenn Fischer 1000 M. böte – Ich muß von dem leben, was ich verdiene, und weiß deshalb das Geld zu schätzen. Aber noch mehr schätze ich Elsas Begabung. Sie soll durchaus nur schaffen, wozu sie innerlich sich veranlaßt fühlt, ohne jede Rücksicht auf unseren Vortheil oder Nachtheil. Ich habe sie gefragt: Würdest Du jetzt Ibsen übersetzen, wenn Du dafür kein Honorar bekämst? Sie hat geantwortet: 'Nein' – und damit ist für mich die Sache erledigt. Das Geldverdienen ist meine Sache."[31]

Mit knapp 71 Jahren starb Max Bernstein am 5.3.1925 an den Spätfolgen einer Blinddarmoperation. Der gefragteste Anwalt der wilhelminischen Ära hinterließ 800 Mark Schulden und war wohl ein Opfer der Kriegs- und Nachkriegsinflation vor 1923.[32]

---

[29] Eva Hauptmann in einem Telefonat mit V. Inzinger, 1985, S. 38.
[30] Ebda.
[31] Zur Realisierung einer von Samuel Fischer geplanten deutschen Gesamtausgabe Ibsens hatte sich Julius Elias an Max Bernstein gewandt. Zit. nach: Jürgen Joachimsthaler, 1995, S. 347f.
[32] So soll Elsa Bernstein zu Beginn des ersten Weltkrieges in die allgemeine nationale Euphorie des Bildungsbürgertums eingestimmt haben, sich dann aber im Laufe des Krieges für den Frieden ausgesprochen haben. Vgl. Valeria Inzinger, 1985, S. 42. 1932 hatte Elsa Bernstein einen Aufruf des „Weltbundes der Mütter und Erzieherinnen" unterzeichnet, für ein friedliches Miteinander der Völker, dem sich auch Katja Mann, Käthe Kollwitz, Margarete Hauptmann, Marianne Weber und andere angeschlossen hatten. Vgl. Jürgen Joachimsthaler, 1995, S. 758f.

Die Schwester Gabriele Porges.

Eine wichtige Rolle im Leben Elsa Bernsteins spielte die am 28.11.1868 geborene, zwei Jahre jüngere Schwester Gabriele Porges. Sie blieb unverheiratet und lebte bereits seit Mitte der 20er Jahre bei Elsa und Max Bernstein. Da Elsa Bernsteins Sehvermögen immer schlechter wurde, assistierte Gabriele Porges im Haushalt und bei der Korrespondenz. Die Schwestern standen gemeinsam die Zeit der Verfolgung und Vertreibung aus diversen Münchener Wohnungen durch.[33]

Der Salon Bernstein in München

Keine Gedenktafel erinnert an die Wohnung der Bernsteins in der Briennerstraße 8 a – bereits seit den 90er Jahren Adresse eines, wie es Katja Mann sagte, „kultivierten, intellektuellen Salons, den Elsa Bernstein führte."[34]
Persönlichkeiten aus Literatur, Kunst und Wissenschaft trafen sich hier, von Gabriele Porges umsichtig bewirtet. Ernst Penzoldt erinnerte sich, daß sie zu Tee und Wein „unvergeßliche, lecker bereitete, zierlich belegte, geradezu künstlerische Brötchen" reichte.[35] Sehr begehrt waren auch „Tante Gabis" Zitronencreme mit Apfelsinenscheiben und Schlagsahne. Und Friedrich von der Leyen schrieb: „in einem runden Zimmer mit hellgrün tapezierten Wänden erwartete die Hausfrau, ganz blond, meist in ein fließendes Gewand gekleidet, ihre Gäste. Hier habe ich Felix Weingartner und Hugo von Hofmannsthal leidenschaftlich über neue Musik sprechen hören, hier erschienen Ludwig Thoma und Ludwig Ganghofer, Thomas Mann. Auch Franz Stuck

---

[33] Der erzwungene Wohnungswechsel ließ sich so rekonstruieren: von der Brienner Straße 8a in eine kleine Hinterhofwohnung der Barerstr. 3 und dann in eine kleine Wohnung in die Schellingstraße. Vgl. Jürgen Joachimsthaler, 1995, S. 759.
[34] Katja Mann: Meine ungeschriebenen Memoiren. Hrsg. von Elisabeth Plessen und Michael Mann. Tübingen 1974, S. 23.
[35] Ernst Penzoldt: Causerien. Frankfurt a. M. 1962, S. 219f.

und August von Kaulbach mit ihren schönen Frauen. Wenn die Jugend darum bat, setzte sich Hermann Levi ans Klavier und spielte Walzer vor. So ging es bis 1914 und bis in die ersten Kriegsjahre."[36]

Zu den illustren Gästen gehörten außerdem Theodor Fontane, Gerhart Hauptmann, Ricarda Huch, Richard Strauß, Hans Pfitzner, Bruno Walter. Ebenso Rainer Maria Rilke, der seine Münchner Zeit 1896/97 in seiner Sammlung „Advent" besang.

In diesem Salon wurden auch wichtige Grundsteine für die Gründung der Familie Pringsheim-Mann gelegt. Hier festigte Thomas Mann seinen bereits über Blicke in Konzerthallen und Trambahnen angebahnten Kontakt zu Katja Pringsheim, einer vielversprechenden Studentin der Mathematik und Physik, die aus der in München wohlbekannten Familie Pringsheim stammte, die auch einen Salon führte. Katjas Großmutter war die Frauenrechtlerin Hedwig Dohm.

„Thomas Mann wandte sich also um Vermittlung an Elsa Bernstein: Sie sind doch mit Pringsheims gut bekannt. Könnten Sie mich nicht einmal zusammen mit Katja Pringsheim einladen, daß ich sie endlich einmal kennenlerne?

Frau Bernstein sagte: Nichts einfacher als das! Ich lade sie zusammen zum Abendessen ein. Darauf wandte sie sich an meine Eltern: sie möchte doch die Katja einmal einladen – ohne böse Hintergedanken. Nun hatten Bernsteins aber auch Thomas Mann eingeladen und uns geschickt nebeneinander gesetzt. Das war sehr nett. Frau Bernstein, die unsere Bekanntschaft eifrig begünstigte und offenbar gerne ehestiftete – ich will nicht den stärkeren Ausdruck gebrauchen – lud uns auch fleißig wieder zusammen ein, und von da ab kannten wir uns gut, und die Sache gedieh so weit."[37]

Neben diesen literarischen Soireen gab es auch regelmäßige Teegesellschaften am Sonntagnachmittag mit einer ebenfalls

---

[36] Friedrich von der Leyen: Leben und Freiheit der Hochschule. Erinnerungen. Köln 1960, S. 121.
[37] Katja Mann, 1974, S. 23.

sehr prominenten Gästeliste – darunter Olaf Gulbransson, Tilla Durieux, Max Weber.

Auch nach Max Bernsteins Tod führte Elsa Bernstein den Salon weiter. Doch in der „Hauptstadt der Bewegung" der Nationalsozialisten wütete der Terror. 1939 wurden die Schwestern aus ihrer Wohnung ausquartiert, bald darauf das Telefon gesperrt, 1940 das Rundfunkgerät beschlagnahmt.

In Briefen an Franz von Wesendonck, von ihr wie üblich auf einer Blindenschreibmaschine geschrieben, wird ihre Ablehnung von soldatischem Heldentum deutlich. So heißt es im April 1939[38]: „Und Sie sind Funker? Das wäre doch eine Verbesserung gegen Flieger, und mir eine wahre Herzenserleichterung. Wie konnten Sie sich freiwillig zu den Fliegern melden? Auch ohne ein Held zu sein, werden Sie dereinst vor ihren noch ungeborenen Söhnen bestehen können. Woher kommt dieser Wunsch, sein Leben auch für Dinge einzusetzen, die es nicht wert sind? Gibt es überhaupt noch Helden? Und Franz, viel an Belastung vermag man ja kaum mehr zu ertragen. Seit dem vorigen Karfreitag – seit dem echolosen Verhalten der amerikanischen Frage in den autoritären Staaten – meine ich, was kann man da noch erwarten als die Katastrophe? Doch das wissen Sie so gut wie ich, das weiß der Trambahnschaffner so gut wie der Major aus dem Generalstab, xyhherrfftgxxdgj ... Schreibmaschinenunglück, das ich eben noch bemerkt habe. So ist schon wieder ein schöner Satz verloren. Ich glaube, ich wollte die abgeschiedene Welt meiner Blindheit loben. Wer hat sonst noch die Ruhe über etwas nachzudenken, wenn er nicht im Krankenhaus liegt oder in Gefängnis sitzt?" Wie eine blinde Seherin weiß sie, daß die Katastrophe unausweichlich ist: „Bangigkeit! Kann wirklich noch ein Gehirn daran zweifeln, daß Vernichtung und Selbstvernichtung Hand in Hand mitein-

---

[38] Franz von Wesendonck: Briefe der Frau Elsa an den Soldaten Franz. Mittenwald 1977, S. 189.

ander gehen? Erst brennen Synagogen, dann brennen alle Kirchen, und schließlich brennen die Brandstifter selbst."

„Aus dem Wirklichen hinweg sehnt man sich nach einem Wunder"– im Prominentenhaus

Winifred Wagner[39] hatte wohl für Elsa Bernstein ein Ausreisevisum in die USA ermöglicht, das aber nicht für die Schwester Gabriele galt. Doch ohne die Vertraute, das „sprechende Auge", wollte sie sich nicht retten. Aber ihre Hoffnung, Krieg und Deportation gemeinsam zu überleben, erfüllte sich nicht: Gabriele Porges starb kurze Zeit nach der Ankunft in Theresienstadt.

Nach der Befreiung lebte Elsa Bernstein bei ihrer Tochter in Hamburg, Rehagen 4, später umbenannt in Gustav-Leo-Straße. Sie führte weiterhin eine rege Korrespondenz und verblüffte nicht nur ihre Enkelin Barbara mit täglichen eiskalten Bädern. Ihren Lebenswillen charakterisierte die Tochter Eva: „Sie hatte das Glück, sich selbst wichtig zu sein."[40]

Epilog

Im Regen auf dem Münchner Ostfriedhof auf der Suche nach der Grabstelle M-li-94. Endlich an der Ostmauer der dunkle, liegende Grabstein, unter dem die aus Hamburg überführte Urne mit den sterblichen Überresten Elsa Bernsteins beigesetzt wurde. Auf dem Stein ist nur ein Name eingemeißelt: Heinrich Porges.

---

[39] Über den persönlichen Einsatz Winifred Wagners lassen sich im Richard-Wagner-Museum und im Nationalarchiv der Richard-Wagner-Stiftung im Haus Wahnfried keine Quellen finden. Vgl. Jürgen Joachimsthaler, 1995, S. 759.
[40] Zit. nach Valeria Inzinger, 1985, S. 50.

Prominentenhaus aus heutiger Sicht.

Die Prominentenhäuser im Konzentrationslager Theresienstadt

„Prominentenhaus – was ist das?", so fragte Elsa Bernstein erstaunt, als sie, nach ihrer Ankunft in Theresienstadt mit anderen Jüdinnen und Juden zunächst in einer Kaserne untergekommen, nun in ein sogenanntes Prominentenhaus übersiedeln sollte. Wie so viele Gefangene hatte sie bisher nichts von der Existenz von Prominentenhäusern und Prominenten im Konzentrationslager Theresienstadt gewußt. Auch heute ist darüber nicht viel bekannt. Nur in sehr wenigen deutschsprachigen Publikationen wird diese Besonderheit des Konzentrationslagers Theresienstadt thematisiert. Bereits vor ihrer Einweisung in das Prominentenhaus hatte Elsa Bernstein ein Privileg: die Schreiberlaubnis.

Im Herbst 1942, fast ein Jahr nach der Errichtung des Konzentrationslagers Theresienstadt und einige Monate nach der Deportation Elsa Bernsteins dorthin, erklärte die SS bestimmte Gefangene für „prominent". Wenig später wurde im Siedlungsplan der SS zum ersten Mal die gesonderte und bevorzugte Unterbringung der „Prominenten" in einem geschlossenen Haus, später in einem geschlossenen Block, vorgesehen. Wer den Status „prominent" erhielt, darüber bestimmte zwar die SS allein, sie reagierte aber auch auf eine „schützende Hand von außen oder auf ein Gesuch", so Ruth Bondy in ihrem Aufsatz „Prominent auf Widerruf".[1] Die „schützende Hand" über Elsa Bernstein gehörte zur Familie Wagner aus Bayreuth, durch die Elsa Bernstein Protektion erfuhr.

In Theresienstadt wurde der Status „A-prominent" und „B-prominent" vergeben. Die offizielle Definition für „A-prominent" lautete: „in früherem Leben (um Deutschland) Verdienste erworben".

---

[1] Ruth Bondy: Prominent auf Widerruf. In: Thresienstädter Studien und Dokumente, 1995, S. 136.

Zur „A-Prominenz" gehörten meist Adlige, Professoren, hohe deutsche Beamte oder hohe Offiziere und nach Theresienstadt deportierte Holländerinnen und Holländer sowie Däninnen und Dänen. Ebenso konnten zur A-Prominenz „merkwürdige Größen" gehören, z. B. „die Witwe eines SA-Brigadeführers, den man am 30. Juni 1934 erschossen hatte", wie H. G. Adler in seiner Untersuchung über Theresienstadt schreibt.[2] Gemeint war Ida Franziska Schneidhuber (siehe Personenregister), die mit Elsa Bernstein zusammen im Prominentenhaus lebte und von ihr „Franzi" genannt wurde.

Die „B-Prominenz" kam auf Vorschlag des jüdischen Ältestenrates zustande. Stimmte die SS diesen Vorschlägen zu, erhielten diese Jüdinnen und Juden den Status „B-prominent". Dazu gehörten die Mitglieder des Ältestenrates und die Leiter der wichtigsten Dienstabteilungen, aber auch Universitätsprofessoren und „manchmal auch Leute, die kaum eine Auszeichnung verdienten"[3]. Beide Kategorisierungen bezogen die jeweiligen Familienangehörigen der Prominenz mit ein.

Geld, materielle Güter, diese im „normalen" Leben so wichtigen Kriterien für „Prominenz" spielten in Theresienstadt kaum eine Rolle. Denn viele Reiche hatten mit einem teuer erworbenen Ausreisevisum Deutschland zur rechten Zeit bereits verlassen können.

Den größten Vorzug, den die „A-Prominenz" erhielt, war die Bewahrung vor dem „Transport in den Osten", d. h. vor der Deportation in die Vernichtungslager. Allerdings hob die SS dieses lebenserhaltende Privileg manchmal auf. Ganz sicher konnte sich also auch die „A-Prominenz" nicht fühlen. Weitere Privilegien waren: bessere Unterkünfte, Zusammenlegung von Familienangehörigen in einem Zimmer, die Reinigung ihrer Zimmer durch eine Putzkolonne, Befreiung

---

[2] H. G. Adler: Theresienstadt 1941–1945. Das Antlitz einer Zwangsgemeinschaft, Tübingen 1955.
[3] H. G. Adler, 1955, S. 307.

von der Arbeitspflicht. Allerdings waren viele der Prominenten schon zu alt, um noch arbeiten zu können, und diejenigen, die noch im arbeitsfähigen Alter waren, machten meist keinen Gebrauch von diesem Privileg. Sie arbeiteten, um sich von dem Elend abzulenken. Ein weiterer Vorzug war ein häufigeres Schreibrecht und höhere Essensrationen. Ob diese Erleichterungen wirklich so bedeutend waren, darüber gibt es differierende Aussagen. Während van den Bergh[4] die besseren Bedingungen hervorhebt, spricht Gerty Spies von „einigen unbedeutenden Erleichterungen"[5] und gibt als Beispiel die höheren Essensrationen an, weist aber gleichzeitig darauf hin, daß diese Essensmenge auch nicht den Hunger stillen konnte. Dies bestätigt auch Käthe Starke.[6] Jedoch bemerkt sie auch: „Als (...) Päckchen erlaubt wurden, kamen viele in dieses [Prominenten]Haus, denn die Prominenten hatten daheim einen Kreis guter Freunde, häufig eine Familie hinterlassen, oder vielfache Verbindungen ins Ausland."[7]

Die „B-Prominenz" hingegen erhielt keinen Schutz vor Deportation, hatte nur den Vorzug der besseren Unterkünfte und wie die „A-Prominenten" der Befreiung von der Arbeitspflicht.

Wieviele Prominente in Theresienstadt lebten, ist heute nicht mehr genau zu ermitteln. Ruth Bondy spricht von 94 „A-Prominenten" Anfang 1944. Sie bezieht sich dabei auf das erhalten gebliebene Album mit Fotografien und Lebensläufen der Prominenten, welches für die SS-Propaganda erstellt worden war, die Theresienstadt als Musterghetto darstellte. Dieses Album befindet sich heute im Beit Terezin Archiv in Israel. Allerdings haben wir bei unseren Recher-

---

[4] Siegfrid van den Bergh: „Der Kronprinz von Mandelstein". Überleben in Westerbork. Frankfurt a. M. 1996.
[5] Gerty Spies: Drei Jahre Theresienstadt. o. O. 1984.
[6] Käthe Starke: Der Führer schenkt den Juden eine Stadt. Berlin 1975.
[7] Ebda., S. 48.

chen festgestellt, daß nicht alle von Elsa Bernstein aufgeführten Prominenten in diesem Album zu finden sind. Für das Jahr 1944 notiert H. G. Adler 114 Prominente mit 85 Angehörigen. Laut telefonischer Auskunft des Leiters der Gedenkstätte Terezin können jedoch keine genauen Zahlen genannt werden, weil die noch vorhandenen Akten unvollständig sind. Er spricht von einigen hundert Personen.

Von den 94 A-Prominenten wurden neun im Herbst 1944 „mit ihren Familien in die Gaskammern geschickt"[8], unter ihnen der auch von Elsa Bernstein genannte Hugo Friedländer (siehe Personenregister). Die Überlebensrate unter den Prominenten war trotz vieler Sterbefälle und Deportationen in das Vernichtungslager recht hoch: „79 Prominente erlebten trotz ihres oft hohen Alters das Kriegsende im Ghetto. Das sind 84% aller im Vergleich zu 14% aller Ghettoinsassen und zu 4% der 88.000 nach dem Osten Verschickten, die am Leben blieben", so Ruth Bondy.

Außer dem Album ist noch eine Aktenmappe mit den Protokollen und Gesuchen an den Ältestenrat und an die SS-Dienststelle im Beit Terezin Archiv aufbewahrt. Hier sind die Gesuche von Gefangenen abgeheftet, die für „prominent" erklärt werden wollten. Wenn die SS diesen zustimmte, was nicht sehr häufig vorkam, wurde der Status „B-prominent" vergeben.

Die Gesuche der weiblichen Gefangenen spiegeln nach Ruth Bondy „die Situation der Frauen der bürgerlichen Schichten und auch ihre Situation insgesamt nach dem Ersten Weltkrieg wieder: Die meisten Bittstellerinnen beziehen sich auf die Verdienste entweder von verstorbenen oder (oft unter Druck) geschiedenen arischen Ehegatten oder von Vätern, Söhnen, Brüdern, sie selber waren meistens treue Helferinnen, aber ohne Beruf und von der männlichen Welt vollkommen abhängig."[9]

---

[8] Ruth Bondy, 1995, S. 138.
[9] Ruth Bondy, 1995, S. 144.

Ruth Bondy gibt 147 Gesuche an und führt aus: „Die Lebensgeschichten und Gesuche (...) können und dürfen nicht als ein Bild der Ghettoinsassen von Theresienstadt als solcher angesehen werden. Volljuden ohne Beziehungen zu einflußreichen Personen in Deutschland oder im Ausland, ohne Anspruch auf fremde, westliche Staatsbürgerschaft, ohne Titel dachten gar nicht daran, den Prominentenstatus überhaupt zu beantragen, oder sie wurden, ohne schriftliche Einreichung, auf der Stelle abgewiesen."[10]

Aus den Gesuchen wird deutlich, daß sich besonders Antragstellerinnen und Antragsteller, die – wie Ruth Bondy schreibt – „dank ihrer arischen Sippschaft erst im letzten Kriegsjahr nach Theresienstadt kamen, [sich] auf die Größen der Macht beriefen"[11] So gab die Berliner Apothekerin Marie Glasberg als Grund für ihre Bitte, auf die Prominentenliste gesetzt zu werden, an, sie habe Reichsmarschall Göring persönlich sehr gut gekannt. „Andere stützten sich auf berufliche Kontakte, Briefe und Gutachten von ehemaligen Kollegen und Vorgesetzten: Dr. Kurt Singer, Intendant der Berliner Städtischen Oper und später des Jüdischen Kulturbundes, Autor von musikwissenschaftlichen Büchern, legte seinem Gesuch vom 25. April 1943 einen Brief von Wilhelm Furtwängler bei." Das Gesuch wurde abgelehnt. „Im Februar 1944 starb Singer im Alter von 59 Jahren ohne Prominentenstatus auf einer schmalen Holzpritsche in Theresienstadt."[12] Elsa Bernstein war als „A-prominent", also von vornherein als „prominent" eingestuft worden. Sie wohnte im Prominentenhaus L 126. Käthe Starke, selbst Gefangene in Theresienstadt, gehörte zum Reinigungsdienst und mußte dort auch säubern. Sie beschreibt ihre Begegnung mit Elsa Bernstein: „Ein schwarzes Baumwolltuch

---

[10] Ebda., S. 152.
[11] Ebda., S. 141.
[12] Ebda., S. 140.

Erklärungen zum Stadtplan

L 1	= Seestraße
L 1a	= Kurze Straße
L 2	= Bahnhofstraße
L 3	= Lange Straße
L 4	= Hauptstraße
L 5	= Parkstraße
L 6	= Wallstraße
Q 1	= Bäckergasse
Q 2	= Jägergasse
Q 3	= Badhausgasse
Q 4	= Neue Gasse
Q 5	= Turmgasse
Q 6	= Rathausgasse
Q 7	= Berggasse
Q 8	= Postgasse
Q 9	= Egergasse
A II	= Jägerkaserne (Männer)
A IV	= Heeresbäckerei (Zentrallager)
C III	= Hamburger Kaserne (Holländer)
B IV	= Hannover Kaserne (Männer)
B V	= Magdeburger Kaserne (Selbstverwaltung)
E I	= Sudetenkaserne (Berliner Dienststelle)
E IIIa	= Geniekaserne (Krankenhaus und Altersheim)
E VI	= Hohenelber Kaserne (Zentralkrankenhaus)
E VII	= Kavalier Kaserne (Altersheim)
G II	= Offizierskasino
H II	= Werkstätten
H IV	= Bodenbacher Kaserne und Zeughaus (Berliner Dienststelle)
H V	= Dresdner Kaserne (Frauen)
I IV	= Aussiger Kaserne (Kleiderkammer)
Südstr. 1	= Kindererholungsheim
Südstr. 3	= Zentrale Leichenhalle
Südstr. 5	= Zeremonienhalle
Südstr. 4/6	= Columbarium (Urnenhain)
Westgasse 3	= Sokolovna

Plan des Lagers Theresienstadt.
Aus: H.G. Adler: Die verheimlichte Wahrheit. Theresienstädter Dokumente,
Tübingen 1958

bedeckt die nun silberweißen Haare (...). Die blindgewordenen Augen ignorieren die armselige Umgebung, und ihre Gedanken weilen sichtlich in den fernen Märchenreichen ihrer Vergangenheit."[13]

Über L 126 schreibt Käthe Starke weiter: „Im Prominentenhaus waren seit noch nicht langer Zeit Personen zusammengezogen, die sich um ihr Vaterland verdient gemacht hatten. In L 126 gab es einen Generalmajor und zwei Oberste der österreichischen Armee, die geschiedene Frau eines deutschen Polizeipräsidenten, mehrere Mitglieder einer bayrischen Adelsfamilie, die wohl von Abstammung, aber weder nach Religion noch in ihrem Bewußtsein Juden waren. Sie hausten hier mit fünf Personen, Brüdern, Kusinen, Schwägerinnen in einem Zimmer prominent. Auch österreichischer Adel war vertreten. Man trug vielfach Loden und die silberknöpfige Trachten-Eleganz der jeweiligen Heimat und rief sich durchs Treppenhaus Gräfin und Baron. L 126 atmete die großzügige Lebensweise, die seinen Einwohnern zu eigen gewesen war, die leichtlebige Nonchalance widrigen Lebensumständen gegenüber."[14]

Käthe Starke berichtet noch von weiteren Prominentenhäusern in Theresienstadt, zum Beispiel von L 128, das gegenüber L 126 lag. Es „entbehrte jeglicher Heiterkeit, obwohl der Hausälteste an einem Buch über Humor schrieb".[15] Hier lebte der in Elsa Bernsteins Erinnerungen aufgeführte Dr. Leo Baeck (siehe Personenregister). In den Prominentenhäusern Q 408 und Q 410 waren beide Kategorien von Prominenz zusammengelegt worden. Käthe Starke: „Die Nr. 10 war hellgrün gestrichen, seine bescheidene Rokoko-Fassade mit zierlichen Blütengirlanden aus Stuck behängt, die um eine kleine Plastik in einer Nische über den Parterrefenstern ein Ornament bildeten. Nr. 8, ebenso alt und früher viel-

---

[13] Käthe Starke, 1975, S. 48.
[14] Ebenda.
[15] Ebda., S. 49.

leicht mal ähnlich, bot sich dagegen schmucklos und betongrau dar. (...) In diesen Häusern wohnten vornehmlich Ärzte, Juristen und Techniker vieler Sparten mit dem K.u.K.-Titel Ing."[16]

Die Straße, an der Elsa Bernsteins Haus stand, hieß seit Juli 1943 Seestraße (L 1), obwohl kein See weit und breit zu sehen war. Durch diese Adresse, die die Prominenten als Postadresse angeben mußten, wollte die SS der Öffentlichkeit Theresienstadt als Wohnsitz für gutsituierte Senioren präsentieren.

Auch die Prominenten selbst wurden von der SS für ihre propagandistischen Absichten benutzt. H. G. Adler berichtet über Prof. Philippson (siehe Personenregister), der ebenfalls im Prominentenhaus L 126 wohnte: „Eines Tages wurde der namhafte Geograph Professor Philippson aus Bonn in die Kommandantur bestellt, wo man ihn fragte, wie es ihm gehe, ob er genug zu essen habe, wie er wohne und ob er wissenschaftlich arbeiten könne. Bis zu diesem Tage hatte er so elend gelebt wie die anderen alten Juden aus Deutschland. Nun wies man ihm und seiner Frau ein Einzelzimmer zu, und neben anderen Vergünstigungen erhielt er wissenschaftliche Bücher zum Studium. Kurz darauf wurde ihm ein Brief von Sven Hedin ausgehändigt, und Philippson mußte ihm antworten, wie gut es ihm gehe und daß er wissenschaftlich arbeiten könne. Hedin soll in einem Brief an Hitler seine Stellung zu Deutschland von Philippsons Schicksal abhängig gemacht haben."[17]

Einige Prominente mußten als Statisten für den Nazi-Propaganda-Film über Theresienstadt auftreten, der ironisch unter dem Titel „Der Führer schenkt den Juden eine Stadt"[1] bekannt geworden ist. So wurde z. B. die Zentralbücherei mit Prominenten gefilmt, und die auch in Elsa Bernsteins Erinnerungen aufgeführten Prominenten Hugo Friedländer, Elie

---

[16] Käthe Starke, 1975, S. 50.
[17] H. G. Adler, 1955, S. 307.

Bleichröder und Prof. Philippson (siehe alle Personenregister) fungierten als Statisten dieses vom Regisseur und Gefangenen Kurt Gerron gedrehten Films, der allerdings nie öffentlich aufgeführt wurde. Kurt Gerron wurde nach Fertigstellung des Films nach Auschwitz deportiert.

„Aus den Spitzen der Selbstverwaltung, den 'Prominenten', den Inhabern einträglicher Posten und begünstigten Paketempfängern entwickelte sich die führende Gesellschaft von Theresienstadt. Einzelne wurden aus dem namenlosen Elend zu einem besseren Dasein bestimmt, obwohl es viel dürftiger war als die Genüsse, die manche durch ihre Stellung oder Unredlichkeit erlangten. So wie die Einführung der Gruppe der 'Prominenten' auf den Wettbewerb der allzu Tüchtigen als verderbliches Beispiel wirkte, so beschworen beide Gruppen den Neid der gewöhnlichen Gefangenen herauf; fast jeder kameradschaftliche Zusammenhalt löste sich auf."[18] Diese reichlich anachronistisch wirkende Elite hielt an ihren gesellschaftlichen Konventionen und Ritualen fest. So redete man sich weiterhin mit den „in besseren Tagen" erworbenen Titeln an, verkehrte nur mit denjenigen, die einem standesgemäß erschienen. Die Prominenten waren, wie Emil Utitz, selbst ehemaliger Häftling in Theresienstadt, schreibt: „im wesentlichen eine Gesellschaft von Schatten einer großen Vergangenheit, die geisterhaft in die Gegenwart spukte."[19]

---

[18] H.G. Adler, 1955, S. 110.
[19] H.G. Adler, 1955, S. 67.

Die Erinnerungen
von Frau Elsa Bernstein

Elsa Bernstein in Theresienstadt.

Nach 14 Tagen ging der Polentransport ab, ohne mich mitzunehmen. Und nach abermals 14 Tagen hält mich Lichtenstein bei meinem Hofspaziergang an: Endlich mal was Gutes, soeben habe er in unserer kleinen Postzelle erfahren, vom F. Seidl, dem SS-Führer heruntergegebene Schreiberlaubnis für Frau Elsa Bernstein, Papier und Umschläge sind zur Verfügung zu stellen. – Fassungslosigkeit, Sprachlosigkeit. Wo ist Vater Geissmar? Wo ist Vater Geissmar? O bitte, bitte! Und wir sitzen auf einem Bretterstapel im Hof, ich diktiere, und er schreibt mit Bleistift Brief an Eva [Hauptmann, die Hrsg.]. Neugier und Ungezogenheit, hervorragende Eigenschaften der Durchschnittskasernler, sammeln Zuhörer um uns und Dreinredende. Wir dürfen nur sagen, daß es ihnen gut geht. Tod der Schwester? Läßt die Zensur vielleicht noch durch. Aber für die Freunde ein paar Zigaretten? Sie werden eingesperrt!

Wir hören auf. Vater Geissmar bringt den Brief selbst in die Postzelle. Wann wohl eine Antwort aus Hamburg da sein kann? In zwei bis drei Wochen, meint das Postfräulein freundlich, aber zweifelhaft.

Inzwischen entblättert ein nasser und stürmischer Oktober die zwei Linden vor dem Einfahrtstunnel. Im Stall ist es sehr kalt geworden. Die Tür fast den ganzen Tag geschlossen, Halbdunkel. Vater Geissmar hat wenig Zeit für mich, immerzu unterwegs, von einer Instanz zur anderen, einen kleinen Posten zu erlangen, der ihm eine Zulage zur Menage verschafft. Und wird von einer hochnumerierten Auskunft immer in eine noch höhere verwiesen. Jede Instanz schiebt die Verantwortung auf die nächste ab: Nicht zuständig. Kein Resultat.

Wie ist das möglich, frage ich Lichtenstein, eine solche Persönlichkeit, erfahrener Verwaltungsbeamter, repräsentative Erscheinung ... Lichtenstein zuckt die Achseln: Keine Protektion.

Schließlich nimmt Vater Geissmar den Halbtagsposten als Klowache an. Findet mit dem ihm eigenen Humor das Amt

nicht so schlimm. Am großen Fenster des kleinen Vorraums, Aussicht ins Freie und Himmelsweite, auf einem Klappstühlchen, Bleistift und Notizbuch in der Hand, entledigte er sich mit der jonglierenden Reimleichtigkeit seiner Bildungsgeneration dessen, was innerlich aufgestaut, vielleicht hätte bedrücklich werden können, ironische und satirische Gegenwartsausschnitte, die sub rosa manches auszusprechen gestatteten, was in Prosa hätte bedenklich erscheinen müssen. Allgemein anerkannt die Ruhe und Unparteilichkeit seiner Wächterordnung, mit der Vordringliche zurückgehalten, Bedürftige vorgelassen wurden. Gerechtigkeit, die es nicht nötig hatte, streng zu sein.
So wußte Vater Geissmar auch diese niedrigste Funktion um einige Stufen zu erhöhen, und der engere Kreis um ihn wartet immer schon voll Begierde auf das poetische Ergebnis des unpoetischen Wachdienstes.

Inzwischen vergebliches Warten auf eine Antwort aus Hamburg. Man munkelt, mein Brief wäre gar nicht abgegangen. Vater Geissmar geht sich bei höherer Postinstanz erkundigen. Wie gewöhnlich weiß man nichts oder will nichts wissen.
Nach dem Rückschlag neue Ängstigung. Ein Beamter der Wohnwirtschaft kommt mir mitteilen: Verfügung Dr. Seidls, mich ins Prominentenhaus zu übernehmen. Ich bin außer mir. Prominentenhaus – was ist das? Und so schlimm die Stallverhältnisse, ich habe mich daran gewöhnt, kenne meine paar Nägel an der Wand, die paar Menschen meiner nächsten Umgebung – und vor allem die Freunde, hinweg von ihnen, ihrem Schutz, ihrer Hilfe – ich weigere mich, ich will bleiben, wo ich bin. Der Beamte geht kopfschüttelnd, die anderen fallen über mich her: Weigert sich, wenn man das große Los gezogen hat!
Vater Geissmar kommt von der Klowache, setzt mir den Kopf zurecht. Prominentenhaus. Prominentenhaus gewiß eine bedeutende Verbesserung. Bessere Unterbringung, ge-

bildete Umgebung. – Einwand meiner Blindheit und Angst vor ganz neuen und fremden Verhältnissen wird abgelehnt. Gewiß werde sich unerläßliche Hilfsbereitschaft finden. Nach einigen Tagen kommt der Beamte wieder: Strikte Anordnung meiner Überführung ins Prominentenhaus. Der Tag werde mir noch bekannt gegeben.
Schwester Sophie hat sich am Vormittag wieder mal verschätzt und mich erst nach der Mittagsmenage in den Waschraum geführt. Wie ich zurückkomme, empfängt mich die schuldbewußte, unwirsche Vergeßlichkeit der Stallältestengattin, ich hätte um zwei Uhr im Prominentenhaus anzutreten. – Wie denn? Wer bringt mich hin? Geissmars ausgegangen, wenn nicht Oberschwester Laura sich erbarmte. In größter Eile gerade die Handtasche gepackt und mit Bangigkeit auf den Weg gemacht. Eine halbe Stunde bis ans andere Ende der Weltstadt, verlängert sich durch abgeplankte Straßen, die nur von den reinen Füßen reiner Arier betreten werden dürfen. Wir müssen Umwege machen, fragen, ob in diese Längs- oder Querstraße einzubiegen. Prominentenhaus? Jawohl, nächste Längsstraße.
Ein hübsches Haus, zweistöckig, mit Vorgärtchen. Gleich im Parterre das Büro des Hausältesten. Zunächst werde ich angefahren: Beinahe vier und um zwei hätten Sie antreten sollen. Wo ist Ihre Essenskarte? Nicht mitgegeben? Und Bettzeug? Nichts? Was denken Sie sich eigentlich? Wir sind kein Hotel!
Schwester Laura entschuldigt sich, verweist auf meine Blindheit, sie werde in der Bodenbacher alles bestellen, heute werde freilich nichts mehr geschickt werden können.
Sie ist gegangen. Ich bin auf eine Bank gesetzt worden, allein in dem öden kalten Raum, fest eingewickelt in meine Pelerine, meinen Pilgermantel, Kapuze über dem Kopf, die alte, immer ältere und abgenutzte Handtasche auf dem Schoß. Denken? Ach nein. Die Novembertrübsal nicht über sich Herr werden lassen. Irgendwie wird es weiter gehn.

Endlich der Hausälteste zurück. Man habe erst das Bett für mich schlagen müssen. Führt mich in ein gleich dem Büro gegenüberliegendes Zimmer. Ein großes Zimmer scheint es mir nach Zahl der Schritte von der Tür bis zu dem mir zugewiesenen Bett in der Fensterecke. – Vorteil, den ich sofort empfinde, nach einer Seite keine Nachbarschaft. Letzte Novemberhelligkeit zum Fenster herein, von dem ich auf dem Bettrand sitzend kaum durch eine Armlänge getrennt bin.

Ein Herr stellt sich mir als Dr. Sachs vor, kultivierte Stimme, gesellschaftliche Manieren, dann seine Mutter, alte Dame, die das Bett rechts neben mir innehat, dann er in der inneren Wandecke, wie er mir erklärt. In der anderen Zimmerhälfte, durch zwei große Schränke getrennt, die gerade einen schmalen Durchlaß gestatten, ein Ehepaar, der Mann ein Schwerkranker. Darum die Zimmerteilung.

Vom Hausältesten geschickt seine Adjutantin, eine Frau von Peci. Österreichisch, warmherzig. Sie hat meine Papiere eingesehen, die besondere Befürwortung von Edelstein ausgehend, sich meiner Blindheit anzunehmen. Es sei unverantwortlich, wie man mich aus der Bodenbacher habe weggehen lassen!

Sie bringt mir eine Tasse warme Milch und ein Schnittchen Brot, damit ich nicht zu sehr hungere; bringt mir einen dikken Schlafsack für die Nacht, damit ich nicht friere.

Inzwischen habe ich am Fußende meines Bettes einen Stuhl, am Kopfende ein Nachttischchen entdeckt. Mit Schublade!

Ich bin sehr müde. Ziehe meine Schuhe aus und richte mich in Kleidern und Pelerine auf der Drahtmatratze ein. Den Schlafsack über mich gedeckt, meine alte Ledertasche wieder mal als Kopfkissen im Genick. Keine Bequemlichkeit, aber Ruhe. Doch irgend etwas an der Drahtmatratze scheint mir nicht in Ordnung. Und sie senkt sich auch nach einer Weile, und ich gleite langsam auf den Boden.

Dr. Sachs holt Herrn Riemer, der schimpft und klopft mit einem Hammer die Haken fester in die Oesen. Der Kranke drüben stöhnt. Ich liege endlich wieder, eingegraben in meine Hüllen, und Dr. Sachs beweist mir sein mitfühlendes Verständnis durch die Gabe eines Schlafmittels, das er noch aus einer besseren Vergangenheit mitgebracht. Das Elektrische wird gelöscht – Dunkelheit und Wärme – und ich schlafe, schlafe wirklich fest und tief.

Das war der 7. November. Die Ereignisse überstürzen sich. Dr. Sachs schreibt mir die erste Karte an Eva: Ich wohne in einem Zimmer und habe ein Bett. Schreibrecht wird alle acht Tage zugestanden. Im Haus hat sich eine Betreuerin für mich gemeldet: Baronin Feury aus München, die im ersten Stock wohnt und mich von München her kennt.

Ich werde ins Büro gerufen, um unter Riemers und Frau von Pecis Anweisung anzufordern, was ich alles brauche an Wäsche, Kleidern, Schuhe, finden meine Ansprüche zu bescheiden, erhöhen sie.

Ein Bote von Herrn Riemer scheint in der Bodenbacher mächtig Lärm geschlagen zu haben, kommt zurück mit meiner Essenskarte, meinem Eßgeschirr und meinem Brotbeutel mit einem Restchen darin, gerade recht für den Morgenhunger. Bettzeug und Köfferchen werden nachmittags nachgebracht werden.

Ich fühle mich noch etwas ungemütlich. Gekämmt ja, dank meiner guten alten Handtasche. Aber ganz ungewaschen, kein Waschraum. Frau v. P. will mir für heute eine Schüssel leihen. Sagt mir, Baronin Feury habe sich als Betreuerin für mich angetragen, wird mein Bett machen, das Wasser zum Waschen vom Pumpbrunnen vor der Tür holen, sich überhaupt um mich kümmern.

Mittags wird die Menage von drei Mann in großen Kübeln ins Haus gebracht. Verteilung unter Aufsicht eines Menagemeisters, der die Tagesnummer von den Karten abzwickt, im Vorraum des Parterres in dem sich sämtliche Bewohner des Hauses zusammendrängen. Mir wegen meiner Blindheit erspart. Baron Karl Hirsch, Bruder der Baronin F., übernimmt es, mir mein Essen zu bringen. Kein Unterschied gegen das in der Kaserne. Suppenwasser und Kartoffeln in der Schale. Nachteil: kein Nachschub. Für die drei Männer sind schon in der Küche drei Portionen abgezogen worden, macht nicht viel aus, aber da man nach dem Wegfall der Schalen meist mit ein oder zwei schlechten Kartoffeln rechnen muß, sind die zugewogenen 220 g nur nominell zu werten.

Nachmittags endlich Bettrolle und Köfferchen. Aber nicht mehr der schon halb zerrissene Strohkorb, ein sehr stabiler lacklederner, nicht großer Handkoffer, den Vater Geissmar aus den Kofferbeständen des Speichers für mich erobert – und eine emaillierte Waschschüssel. Was hat er wieder fertig gebracht! Ja, ja, für andere alles, für sich nichts, wie seine Frau sagt.

Ich fange an, mich zurechtzufinden, allein zur Tür hinaus, zehn Schritte bis zur Toilette – muß man hier wohl sagen – aber keine Wasserspülung. Die Handhabung eines Wasserkübels für mich nicht so leicht. Ich bin sehr müde, kann mich aber doch der Freundlichkeit von Baron Karl nicht entziehen, der mich mit den Wegen im Vorgarten bekanntmachen will. Schmale Wege mit Bruchsteinen eingefaßt, das winzige Stämmchen, an dem die Ecke zu merken. – Ich merke, daß ich mir gar nichts merke, schwindelig werde, bitte den Baron, mich zurückzubringen, komme im Zimmer gerade noch bis ans Bett und werde ohnmächtig.

Schlimm kann es nicht gewesen sein, mit etwas kaltem Wasser und ein paar Tropfen Kölnisch von der zufällig eintretenden Franzi [Schneidhuber, die Hrsg.] – ich höre deren Stimme: Sie bekommt schon wieder Farbe, kommt zu sich ... Und ich war auch schon wieder bei mir, fand es eigentlich recht schön, mal so ganz weggewesen zu sein. Anstrengend, das Prominentwerden, wenn man die Vielfältigkeit der Zivilisation nicht mehr gewöhnt.

Mein Bett, von der Baronin aus meinem Köfferchen frisch bezogen – Kleider vom Leib, langgestreckt, unterm Federbett in Gabrielens [Porges, die Hrsg.] englisches Plaid gewickelt, – nur schlafen, schlafen – ... Es soll nicht sein. Der Kranke drüben stöhnt. Seine Frau ermahnt ihn, leise zu sein. Ich: Ach lassen Sie ihn doch stöhnen, wenns ihn erleichtert. Im Halbwach der betäubten Müdigkeit dämmere ich dem bleichen Morgen entgegen. Üble Luft im Zimmer. Dr. Sachs geht eine Krankenschwester holen, die der Frau helfen soll, den Kranken zu reinigen. Nachdem die Schwester wieder gegangen, wird es still drüben. Dr. Sachs flüstert mir zu: Es geht schlecht. Und wieder nach einer Weile: Es ist vorüber. Was er dem Hausältesten melden muß.

Grauer Novembertag. Dr. Sachs immer diskret mitteilsam. Frau Brecher sitzt an der Leiche ihres Mannes und streichelt seinen Kopf. Dabei laufen ihr die Tränen übers Gesicht. Die Leiche wird geholt. Mit geschäftsmäßiger Gleichgültigkeit fortgeschafft. Dann sogleich das Zimmer verändert. Die großen Schränke, die das Zimmer geteilt, rechts und links an die Wand gerückt. Der Raum ist frei, ein Tisch in die Mitte unter die Deckenbeleuchtung, Stühle daran. – Warum so eilig? fragt die alte Frau Sachs, die ganz unter Decken vergraben immer in ihrem Bett liegt. Weil heute abend hier Cabaret ist, erklärt Herr Riemer. Das Zimmer ist geräumig, liegt am bequemsten, gleich neben dem Eingang ... Der Tod eben zu einer Tür hinaus, das Vergnügen zur anderen herein.
Frau Brecher begreiflicherweise empört. Den ersten Tag ihr solches zuzumuten. Sie könne sich ja für den Abend in sein Büro zurückziehen, sagt Herr Riemer.
Wirklich Cabaret. Viele Besucher, nicht nur aus dem Prominentenhaus, auch aus anderen Häusern. Ein Conférencier hält eine kleine Rede, der Talent und Übung anzumerken, berufliche. Eine Anzahl von Künstlern habe sich zur Verfügung gestellt zur Erheiterung und zum Vergessenmachen mißlicher Umstände, von denen man sich unter keinen Umständen die Laune dürfe verderben lassen.

Beginn mit jüdischen Anekdoten. Was soll das sein? Selbstverspottung oder Selbstbespiegelung? Viel zu lang, viel zu aufdringlich vorgetragen, um einer Pointe willen wie: Sara, hör auf, haste schon die dreizehnte Tasse Chokolade! Und dergleichen mehr. Ich bin entsetzt.
Gesang wird angekündigt. Leider ohne Begleitung. Kein Akkordeon aufzutreiben. Eine Sängerin, ehemaliges Mitglied des Frankfurter Opernhauses, singt den Weihnachtswalzer aus der Boheme. Wirkt nicht. Dieser italienische Verismo, nicht gefestigt durch unabweisbar tragende Harmonie, zerflattert. – Ganz anders, von einem czechischen Sänger mit dunkel leuchtendem Bariton und Ausdrucksinnerlichkeit vorgetragen, der Wanderer von Schubert. Czechische Übersetzung, ganz gleichgültig, ich weiß jedes Wort auswendig, man sollte meinen, alle wissen es. Und wie entspringt hier aus dem Ton, aus jeder Modulation des entscheidenden Intervalles die zugehörig einzig mögliche Harmonie. Welch ein Zusammenfall unvergänglich großer Kunst mit dem armseligen Augenblick, dem wir angehören. Doch der Sänger und ich scheinen die einzigen, die dieser Deutung zugänglich. – Wie ein Geisterhauch tönt es zurück: Da, wo du nicht bist, ist das Glück.
Das Publikum klatscht nicht mehr Beifall als nach den jüdischen Anekdoten. Innerhalb des allgemeinen Aufbruchs lassen sich mir verschiedene Leute vorstellen. Herr Riemer hat mich aus der Kenntnis meiner ihm übergebenen Personalien als Ernst Rosmer verraten. Die Frankfurter Sängerin sagt mir, daß sie als Kind das Besenbindermädchen in den Königskindern gesungen. Der Conférencier Leo Strauss ist der Sohn des Operetten- und Schlagerkomponisten Oscar Straus. Ob ich mich seines Vaters noch erinnere? O ja, hab es gar wohl noch im Ohr das Vielgesungene: Ich tanze um den Rosenbusch, ich tanz mit meiner Frau! – Es freut ihn.
Der Aufbruch mit dem Lärm von Klappstühlchen und Schemeln ist vorüber. Frau Brecher kommt aus dem Büro, in dem sie gefroren, zurück. Sehr indigniert über ihr zerses-

senes Bett und das von Dr. Sachs, auf dem Mäntel und Pelze abgelegt waren. Was konnte da an Ansteckung und Ungeziefer nicht mit hereingebracht worden sein. Sie hat nicht Unrecht. Ja ja, wir tanzen um den Rosenbusch ...
Den nächsten Nachmittag Besuch von Geissmars. Ich muß eingehend berichten. Von der Tasse Milch den ersten Abend, dem Schlafsack, der angenehmen Betreuerin. Enfant gâtée, meint Frau Liesl. Und Ihr? Immer noch im Stall? – Nein, der Stall ist aufgelöst, in Zimmern der Seitenflügel untergebracht, zu zehnt, zu zwölft, wir wieder mal im ersten Rang, ziemlich hoch. Storchennest, scherzt Frau Liesl. – Und gar keine Möglichkeit, Vater Geissmar, tun Sie doch mal was für sich, strengen Sie sich sehr an, hier hereinzukommen. Er lehnt beinahe streng ab: Fehlt jede Voraussetzung, die arische Versippung. Aber wir sind froh, Sie in so erstaunlicher Verbesserung zu wissen.
Ich kann nicht ganz froh sein. Gewiß denke ich nicht immer daran, so ist der Mensch nicht, aber irgendwo drückt mich was, und wenn ich mich frage, ist's das Storchennest ...
Herr Riemer kündigt an: Morgen um sieben der Lausedoktor. Parat sein. Der Lausedoktor kommt nicht um sieben, sondern um neun. Ein freundlicher älterer czechischer Herr, nimmt es genau. Ich als Neuling komme zuerst dran. Bin im Bewußtsein meiner Untadeligkeit gar nicht ängstlich. Mein Haar ist auch sofort erledigt, aber das Kleid dann herunter, Wäsche, Schlüpfer – er patscht mich auf die Schulter: Sie sind eine nette und saubere Frau.
Wer kommt zunächst? Die alte Frau Sachs neben mir, die, wie es scheint, meist in Kleidern unter ihrer Decke im Bett liegt. Eine Laus wird entdeckt. Eine? Jedenfalls genügend für die Notwendigkeit der Entwesung. Die alte Dame jammert. Ob das nicht im Haus gemacht werden könne? Sie will unter keinen Umständen in die Entwesungsanstalt. Der Sohn rennt in die Kurz-Entwesung, die nur einen Tag braucht. Unmöglich, heißt es, viel zu anstrengend für eine Achtzigjährige, nur für junge Leute.

Und so wird Frau Sachs fortgebracht. Nachdem der sich immerfort Weigernden Herr Riemer sogar mit der Ghettopolizei gedroht. Frau Brecher ist empört. Sicher haben die Auswärtigen vorgestern abend die Läuse mit hereingebracht. Dr. Sachs will den Nachmittag seine Mutter besuchen. Wird abgewiesen. Keine Besucher in der Entwesung zugelassen. Er schreibt der Mutter lange Briefe, die er täglich für sie abgibt. Es dauert acht, es dauert zehn Tage, warum so lange? Erfährt, daß sie erkrankt, erzwingt sich den Eintritt. Und mit den Worten: Walterchen, bist Du endlich da? – stirbt sie in seinen Armen.

Dr. Sachs ist untröstlich, weint. Er war so sicher, die Mutter doch noch nach Palästina mitnehmen zu können. Er ist Zionist, war schon einmal vier Monate drüben bei einem Vetter, der ein Hotel auf dem Berge Carmel besitzt. Nicht urteilslos findet er die Städte Haifa und Tel Aviv zu rasch aufgeschossen, die Haltung eines immer mehr sich steigernden jüdischen Nationalismus, besonders bei der Jugend unerfreulich und gefährlich, sowohl den Arabern wie den Engländern gegenüber, aber im großen und ganzen sei doch Enormes an Entsteinung und Bepflanzung des vernachlässigten, seit Jahrhunderten heruntergekommenen Landes geleistet worden.

Er benutzt jede freie Minute, um Hebräisch zu lernen, und versucht, auch mir etwas davon beizubringen, einen Begriff von ihr zu geben. Ich habe weder Abneigung noch Neigung für diese unendlich schwierige und mir völlig lautfremde Sprache.

Er versucht, mich mit den Worten wie Halleluja und Amen einzufangen, in eine in die Weltkirchlichkeit übergegangene Thora – die Bundeslade ist ein allgemeiner Begriff geworden. Er belehrt mich und findet mich nicht ungelehrig, weil ich den Plural einer bestimmten Endsilbe wie aim gleich los habe. Raglaim, Jadaim, Mischkafaim – die Brille. Geheimnisvoll: Maim – das Gewässer, und noch vielmehr Haschormaim – der Himmel.

Dr. Sachs ist eine groteske Mischung von zivilisationsnüchternem Verstand und alttestamentarischer Wortgläubigkeit, die jedes Wunder als verbürgte Wirklichkeit hinnimmt. Kein Zweifel gestattet, die Bibel hat alles gewußt, alles vorausgesagt, auch Theresienstadt, ewige Wiederholung. Als Sohn eines reichen Gutsbesitzers konnte er studieren, konnte es dank glänzender Examina bis zum Staatsanwalt in Breslau bringen. Obwohl auf dem Lande aufgewachsen, hat er keinen Sinn für Natur, sie langweilt ihn, nur in der Stadt findet er das Leben interessant.
Armseliger Städter, nennt ihn Baron Karl. Ärgert einen durch unbegreiflich schlechte Witze wie: Was ist ein Neger, der seinen Vater auffrißt? Ein Kannibale. Nein, eine Waise. Und ein Neger, der seinen Vater und seine Mutter auffrißt? Eine Doppelwaise!
Und dann verbreitet er sich, wieder mit scharfsinniger juristischer Beweisführung über die Verwandlung des Mosesstabes in eine Schlange. Wäre der Mann nicht so gutmütig und gefällig ...
Wir bekommen einen neuen Zimmergenossen. Einen Professor aus Prag, Arzt. Eine Kapazität auf dem Gebiet der Kinderheilkunde, will Dr. Sachs erfahren haben. Jedenfalls ein feiner Mann, meint Frau Brecher, sehr höflich. Er werde nicht viel Mühe machen, sei fast den ganzen Tag im Krankenhaus Hohen-Elbe. Er hat das Bett ihres Mannes angewiesen bekommen. Ist also ihr unmittelbarer Nachbar. Riemer ersucht sie, sich seiner anzunehmen. Sie will es. Ich merke sofort, sie hat Sympathie für ihn.
Wie sieht er aus? frage ich. – Gut, ohne was Auffälliges. Mittelgroß, schlank, kein hübsches, aber sehr angenehmes Gesicht. Etwas leidend sieht er aus. Nach dem Abendessen kommt er an mein Bett. Ernst Rosmer, habe er erfahren. Vor vielen Jahren, als junger Student in Berlin, habe er der Erstaufführung von Mutter Maria beigewohnt. Und möchte mir heute dafür danken. – Ein leichter und doch vielsagender Handkuß. Annäherung aus Erinnerung.

Professor Schleissner scheint die Gabe zu haben, auf kaum merkliche Art die Menschen für sich einzunehmen. Frau Brecher macht sich schon um sechs Uhr morgens daran, mühselig mit ein paar Spänen und etwas Braunkohle in dem kleinen eisernen Ofen Feuer anzuzünden, damit es schon ein wenig warm, wenn der Professor eine halbe Stunde später aufsteht. Dr. Sachs läßt sich seine Essenskarte geben und holt ihm um sieben, sobald der Ruf: Menage ertönt, seine Zichorienbrühe herein. Nach einem schwachen Versuch sein Bett zu machen, was Frau Brecher sofort abwehrt und übernimmt, verschwindet der Professor für den ganzen Vormittag in sein Krankenhaus. Zu Mittag immer zu spät zurück, doch Dr. Sachs hat seine Portion in Empfang genommen, Frau Brecher sie auf dem Öfchen möglichst warm gehalten. Der Professor scheint sehr müde, spricht kaum, legt sich, nachdem er gegessen, auf sein Bett. Man weiß nicht, ob er schläft, hält aber auf Ruhe, redet nicht. Um halb drei erhebt er sich wieder und geht, äußert keinen besonderen Dank, ohne daß man es vermißt. Achtet die Verhaltenheit seiner Art.

Neuestes und Erfreuliches: Franzi, die bei der SS-Leitung wirklich gut angeschrieben sein muß, hat es fertiggebracht, ihre Mutter ins Haus zu bekommen. Nicht als prominent erklärt und nur auf Widerruf. Aber sie hat sie bei sich, das Speicherdach soll verschalt, die Kammer zu einem wohnmöglichen Raum gemacht werden. Frohe Begrüßung mit Frau Wassermann, deren angenehmer Eindruck sofort die Zustimmung der anderen hervorruft, Aufenthalt bei uns zu nehmen, wenn die Handwerker droben sie allzu sehr bedrohen sollten.

Geissmars hatten zu mir schon von einem Dr. Stargard gesprochen, den sie hier entdeckt, ehemaliger Landgerichtsdirektor in Berlin, dessen Sohn einige Semester in Heidelberg studiert und bei ihnen gewohnt habe. Von eben diesem Dr. Stargard werde ich eines Vormittags aufgesucht. Veranlassung? Als amtlicher Zensor habe er auch meine Briefe gelesen, so herausfallend aus sämtlichen anderen in Stil und Beziehung auf Geistiges, Künstlerisches, Musikalisches. Seine Frau, Tochter von Hermann Wolff, dem ersten Konzertorganisator seiner Zeit, von Franz Liszt der Feldmarschall der deutschen Musiker genannt. Er selbst – die Neigung wohl von einem Großvater Pastor herrührend – bemüht, hier im KZ die kleine evangelische Gemeinde zusammenzuhalten, sie sonntags zu einem Gottesdienst zu versammeln. Vielleicht hätte ich auch einmal Lust, da er aus meinen Briefen die Zugehörigkeit zum evangelischen Bekenntnis ersehen. Eine gebildete und gütige Stimme verleiht seinen Worten Wärme und Eindringlichkeit.

Franzi, die immer viel unterwegs, fängt mich heimkehrend auf meinem Gartenpfad ab: Geheimrat von Weinberg, der gleich neben Ihnen wohnt, möchte Ihnen vorgestellt werden. Geheimrat v. W. ist mir mehr als ein vager Begriff. Schüler Adolf von Baiers, bedeutender Chemiker, ist er in späteren Jahren – sonderbarer Sprung – zur Gründung eines Rennstalls in seiner Vaterstadt Frankfurt a. M. übergegangen. Und dieser durch Reichtum und Stellung hochangesehene über Achtzigjährige, doppelt arisch versippt, eine Tochter mit einem Grafen Spreti, die andere mit einem Prinzen Lobkowitz verheiratet auch in Theresienstadt!

Ganz gesellschaftliche Vornehmheit, macht er mir tags darauf einen Besuch. Dr. Sachs und Frau Brecher, die wissen, wie ablehnend er sonst gegen jeglichen Verkehr, fühlen sich hochgeehrt und behandeln ihn mit ausgezeichneter Höflichkeit. Er bleibt ziemlich lange, erzählt amüsant von einem Erlebnis mit seinem Freunde Max Ehrlich [gemeint ist Paul Ehrlich, die Hrsg.], dem glücklichen Entdecker des Salvarsans, seit zehn Jahren erprobt und bestätigt. Eines Tages dann kommt Ehrlich zu ihm mit einem Telegramm des Kultusministers von Althoff, ob er vor dem Kaiser einen Vortrag über das Salvarsan halten könne. Was er darauf antworten solle.

Daß Du, rechtzeitig davon benachrichtigt, zur Verfügung stehst! Und er beschließt, für einen gut sitzenden Frack zu sorgen und mit Ehrlich nach Berlin zu fahren. In einer Vorbesprechung mit Althoff wird beschlossen, wegen wahrscheinlicher Anwesenheit auch der Kaiserin, das gefährliche Wort „Syphilis" zu vermeiden und durch das nicht ganz so deutliche Lues zu umgehen.

Versammelt eine glänzende Hofgesellschaft, erstaunt, daß der Kaiser, bei allen offiziellen Gelegenheiten die Pünktlichkeit selbst, schon fünf Minuten auf sich warten läßt. Gleich darauf erschienen, entschuldigt er sich, durch ein Unwohlsein der Kaiserin, das sie verhindere, an dem Vortrag teilzunehmen, aufgehalten worden.

Ehrlich, nachdem er sich über die erste Befangenheit hinweggeredet, spricht sehr gut, wissenschaftlich sachlich ohne langweilig zu werden. Bedauert bei dem Nachweis, daß Lues durch Ammenmilch nicht übertragbar, die Abwesenheit der für Säuglingspflege so sehr interessierten Frau Gemahlin.

Verhaltenes Grinsen auf allen Gesichtern, nur der Kaiser verzieht keine Miene. Erhebt sich, nachdem Ehrlich geendet: Ich danke Euer Excellenz für den Vortrag und hoffe, Sie bald wiederzuhören. Durch die Anrede: Euer Excellenz – ist Ehrlich in den Adelsstand erhoben.

Ehrlich nimmt Weinberg, sobald es angängig, beiseite: Was haben mich diese Höflinge sämtlich auf einmal so angegrinst? Aber Ehrlich! Seiner Majestät dem Kaiser von Ihrer Majestät der Kaiserin als seiner Frau Gemahlin zu reden!!!

Bei nächster Begegnung im Garten bittet er mich, wenn es mir nichts ausmache, ihn in seinem Zimmer gleich nebenan, zu besuchen. Er gehe nicht gern in fremde, am wenigsten in das unsrige, der Anblick Frau Brechers gehe ihm auf die Nerven. – Ob sie denn wirklich so häßlich? – Seien Sie froh, sie nicht sehen zu können. So gehe ich nach der Abendmenage ab und zu hinüber.

Beinahe werde ich wegen dieses Verkehrs beneidet. Höher geschätzt?! Baron Karl holt mich eines Nachmittags hinauf zu seinen Leuten. Nur Familie, bis auf eine Person, eine Gräfin Seyssel d'Aix, um anderer weniger erwünschten Zuteilung zu entgehen. Zwei Brüder, die Schwester Feury, eine Kusine, Baronin Waldenfels, auch eine geborene Hirsch. Baron Rudi nicht anwesend, der fröhliche Landmann, wie sie ihn nennen, arbeitet auf dem Feld. Die Gräfin ist blind, gleich mir der Betreuung der Feury unterstellt, erleichtert durch die Zimmergemeinschaft.

Baron Karl hält uns einen Vortrag, d. h. erzählt von einer Spanienfahrt des bayerischen Autoklubs, die er als Vizepräsident geleitet. Er redet natürlich, gar nicht ausdrucksbegabt, aber eindrucksehrlich. Sein größter: in Granada die Alhambra. Erst gegen Abend, als der ganze Besucherschwarm sich verlaufen, sei er hingegangen. In tiefer Stille von dem fremden Zauber dieser Steingrazie so ergriffen, daß, er gestehe es, ihm Tränen gekommen. – Was sympathisch berührt. Der Gräfin und meine Aufmerksamkeit kommt seinem Bedürfnis, sich mitzuteilen, entgegen. Im Gegensatz zu den beiden Damen, die sich ans weit ausgebaute Erkerfenster zurückgezogen haben. Er verspricht weiteres, und wir sind gerne bereit.

Und so bin ich hier oben im Hirschpark, wie das Zimmer vom Prominentenwitz genannt wird, wie unten im Dreimaderlhaus – Weinberg wohnt nur noch mit zwei Herren zusammen – endgültig eingeführt. Es geht immer was vor. Das Bett von Frau Sachs, das auch in die Entwesung gekommen, ist wieder gebracht worden. Wird von der Raumwirtschaft sogleich wieder belegt. Mit einem Fräulein Gorter aus München. Ich weiß von ihr und ihrer Familie sehr viel, vielleicht mehr als ihr lieb ist, hüte mich aber es merken zu lassen. Sie hat als Schwester die vier Jahre des Weltkriegs mitgemacht, nicht gerade an der Front, aber doch mit Auszeichnung gepflegt, und verdankt ihrer Medaille den Einzug ins Prominentenhaus. Sie wirkt sofort als tüchtig und selbstbewußt, doch ohne unangenehmen Beigeschmack. Steht sehr früh auf, um sich von oben bis unten abzuwaschen, was doch nur in der Dunkelheit, der beiden Herren wegen, mit denen sie ja nicht verheiratet, wie sie sich ausdrückt, möglich. Dann geht sie bis mittags zum Kartoffelschälen, anstrengend, aber vorteilhaft. Dr. Sachs ist weder ihr, noch sie seine Freundin. Sie hätte lieber sein Bett in der Zimmerecke gehabt, und er hat es abgeschlagen.

Frau Brecher verhält sich kühl gegen ihre Belehrungen betreffs der Öfchenbeheizung, des Professors knappe Höflichkeit nimmt kaum Notiz von ihr. Ich habe alle Ursache ihr dankbar zu sein, sie scheint sehr nadelgeschickt, repariert mir mein Perlenhalsbändchen, ihr Bedürfnis zu bevormunden, geniert mich nicht. Und in einer kritischen Situation kommt sie mir zur Hilfe. Eines Nachts um zehn – ich bin längst zu Bett – schießt Riemer herein: Registrierung – schon bei Weinberg drüben – kommt gleich herüber.

Zwei Beamte kommen, die üblichen Fragen werden an mich gerichtet, zuletzt eine neue: Können Sie arischen Verkehr angeben? Ich nenne nach einem Augenblick des Stutzens Winifred Wagner und Elsa Beuckmann [wahrscheinlich Elsa Bruckmann, die Hrsg.] – und Fräulein Gorter fügt hinzu: Freundin des Führers.

Nur ich bin gefragt worden. Und mache mich darauf gefaßt, noch in der Nacht nach Polen abgeholt zu werden. Man hat sie wieder zu kosten bekommen, die völlige Preisgegebenheit. Doch der Morgen kommt und ich bin noch da. Wie ich höre auch Weinberg. Für wie lange kann niemand einem sagen.

Ich erhole mich wieder, ohne die erste Sicherheit des Prominentenhauses zurückzugewinnen. Jede Veränderung erscheint gefährlich. Die nächste: Einer kleinen abendlichen Hausversammlung zur Kenntnis gebracht, daß Riemer von der Ghettoleitung abgesetzt, ein neuer Hausältester zu erwarten. Frau v. Peci dagegen bleibt, was mit allgemeinem Beifall aufgenommen wird. Weinberg und die Barone Hirsch bedauern den Weggang Riemers. Ich auch. Er war barsch, aber gut und arbeitsam, griff an, wo es Not tat, sogar

mit Eimerschleppen in die Toilette. Was übrigens im neuen Jahr aufhören soll. Weinberg, der jeden Vormittag noch im Laboratorium arbeitet, hat den Wasserdruck untersucht und genügend für eine Leitung befunden. Sie zu legen, wird bereits in Tag- und Nachtschichten von den Juden gearbeitet, da noch kein Frost eingetreten.
Ich vermisse seit einiger Zeit den Besuch von Geissmars. Dr. Sachs geht sich erkundigen. Geissmar mußte einer leichten Lungenentzündung wegen ins Krankenhaus, ist aber schon wieder auf dem Wege der Besserung.
Und endlich sind bei Franzi und ihrer Mutter droben die Handwerker abgezogen, die Ordnung hergestellt, so daß ich zum ersten Mal hinauf, viermal elf Stufen an festem Geländer, das getraute ich mich auch allein, der letzten Stufe beinahe gegenüber die Tür. Anklopfen, eintreten, freudige Begrüßung. Frau W. verständnisvoll wie immer, orientierte mich zuerst im Raum. Ein kleiner Raum, aber doch nicht so eng, daß nicht die beiden Couchen, ein sogar großer Schrank, ein rundes Tischchen gleich am Öfchen in der Türecke Platz gehabt hätten. Von den drei Stühlen mir der bequemste untergeschoben. Vom Fenster beschrieb mir Franzi weite Aussicht in den Himmel. Und vor allem, man war für sich, brauchte sich nach niemandem zu richten, vor niemandem in acht zu nehmen. Ganz anders hier oben eine Karte oder einen Brief diktieren, als unten, wo jeder die Ohren spitzt. Franzi kennt natürlich das ganze Haus, kritisiert es, auch meine Zimmergenossen. Frau Brechers verbotene Häßlichkeit durch einen Mund, dem man kaum mehr diese Bezeichnung zubilligen kann. Fräulein Gorter sieht ganz gut aus, scheint sich aber aufs Herrschsüchtige auswachsen zu können. Gutmütig und grundgefällig der an Körper und Kopf gleich vierschrötige Dr. Sachs. Sie gibt ihm abends das Symbol einer Kaffeekanne, ein Tonkrüglein. Er faßt um sieben Uhr morgens – so früh steht Franzi nicht gerne auf – die Zichorie für sie und bringt sie hinauf.

Franzi hat aus einer eben erst im Ghetto eröffneten Leihbibliothek ein paar Bücher mitgebracht. Frau W. liest vor. Sehr angenehm, klar und verständig: Der Reklamekönig. Nicht ernst zu nehmen. Warenhausliteratur, aber auch das will gekonnt sein. Franzi amüsiert sich, hat eine halbe Zigarette geschenkt bekommen und ist stolz auf die Mutter. Es wird beschlossen, daß ich jeden Abend nach der Menage zu geistiger Ernährung heraufkomme.

Dezemberdunkelheit zehrt den Tag auf. Eintönigkeit wechselt mit Unruhe. Der neue Hausälteste, Professor Blum, Lehrer für französische Literatur an einem Gymnasium in Brünn, hat sich mit einem Abendvortrag vorgestellt: Über französischen Esprit und deutschen Humor. Gar nicht so leicht, er weiß Bescheid von Diderot bis Jean Paul, aber daß er sich nach der Anekdotenzulage nicht enthalten kann, den für den Ständer zugespitzten Christbaum seufzen läßt, er habe gar nicht gewußt, daß der auch zu den – Beschnittenen – gehöre, verschnupft mich wieder. Verüble Geschmacklosigkeit dem Gebildeten noch viel mehr als dem Ungebildeten.

Peinliche Überraschung! Frau Brecher und Dr. Sachs sind von der SS-Leitung nicht als Prominente genehmigt, müssen aus dem Haus. Beide voll Bitterkeit gehn ans Packen ihrer Sachen. Degradierte. Wo werden sie unterkommen? Er tut mir fast noch mehr leid als sie. Er ist so hilflos. Ich sage ihm, er solle doch recht oft zu Besuch zu uns kommen. Er lacht bitter. O nein, wenn man nicht mehr hergehört!

Fräulein Gorter ist sofort ins Büro hinüber, um sich als Zimmerälteste zu melden. Ich als Blinde komme ja gar nicht in Betracht. Nimmt auch sofort das Bett von Frau Brecher für sich in Anspruch mit der Begründung, von da aus besser für das Öfchen sorgen zu können, und den Professor! Was sie nicht ausspricht, was aber jeder merkt.

Der Professor ist sehr betroffen, als er mittags die bevorstehende Veränderung erfährt, Dr. Sachs ihm seine Essenskarte zurückstellt, Fräulein Gorter sich sofort erbietet, seine Me-

nage zu besorgen, was er nicht gut ablehnen kann. Von Frau Brecher verabschiedet er sich mit einer Wärme, die niemand ihm zugetraut hätte, gibt ihr Herzmittel, um über die Aufregungen hinwegzukommen, und sie solle sich jederzeit an ihn wenden, wenn sie einen Wunsch habe.
Für einige Tage Leere und Stille. Fräulein Gorter schaltet und waltet, dominiert. Holt dem Professor um sieben Uhr seine Zichorie herein, schneidet ihm sein Brot zurecht. Auf die Anheizung des Öfchens hat er verzichtet, er hat in der Hohen-Elbe ein Bad zur Verfügung, und es würde vormittags, da Fräulein Gorter beim Kartoffelschälen, doch ausgehen. Für mich der Nachteil eines empfindlich kalten Zimmers, wenn auch der Vorteil, mich beim Waschen nicht hinter meinem aufgespannten Regenschirm und der hohen vorderen Bettwand verstecken zu müssen.
Fräulein Gorter bedauert, wenn sie heimkommt, mein erfrorenes Aussehen, heizt eiligst an, macht das Bett des Professors, wäscht sein Geschirr, holt seine Menage und stellt sie warm, denn er kommt immer zu spät. Nachdem er seine Stunde geruht, steht schon wieder eine zurückbehaltene Tasse des Pseudo-Kaffees für ihn bereit. Er nimmt an, bedankt sich, aber der eigentliche Dank ist nicht darin zu spüren. Nach dem Abendessen, das manchmal auch nur in Zichorie und einem sogenannten Bosniaken besteht, ein hartes Strizlgebäck aus dunklem Mehl, das sie ihm zerschneidet und etwas aufröstet, um es genießbarer zu machen, bricht er sogleich auf, geht in den ersten Stock zu Prager Freunden und, wie Franzi, die alles weiß, erzählt, einer Jugendfreundin, nicht mehr jung, aber immer noch sehr hübsch. Da soll es immer sehr lustig zugehn und viel gelacht werden, was man sich von dem Professor gar nicht vorstellen kann. Fräulein Gorter würde fürs Leben gern mal mitgehn, was ich gar wohl merke, er aber nicht zu merken scheint.
Wenn ich nach acht Uhr von Frau W. herunterkomme, sitzt sie am Tisch gerade unter der Deckenbeleuchtung, die das Lesen ermöglicht. Professor Blum hat eine kleine Hausbi-

bliothek eingerichtet, sie hat sich Wallenstein geben lassen. Sie ist eine durchaus gebildete Person und hält darauf, dafür gehalten zu werden. Legt auch Wert auf ihr Aussehen. Ob ich mir eine Vorstellung davon machen könne? Nein. – Und sie schildert sich: Mittelgroß und schlank. Naturgelocktes, kurzgeschnittenes weißes Haar, lebhafte braune Augen, regelmäßige Züge. – Ihr Alter werde fast immer unterschätzt. Niemand traue ihr die nahen Siebzig zu. – Sie hat alle Ursache, mit sich zufrieden zu sein, und ist es auch.
Neue Einquartierung: Eine Gräfin Kolowrat. Ältester böhmischer Adel, sagt die Feury. Wußte ich, hatte aber nach der ersten Begrüßung geglaubt, eher eine böhmische Köchin vor mir zu haben. Was die Gräfin vor ihrer Verheiratung vielleicht auch gewesen.
Aber ich tue ihr Unrecht. Sie zeigt sich sehr rasch als ein einfacher, wohlwollend bescheidener Mensch. Der gerne hilft, sich für nichts zu gut ist. Eines Vormittags, nachdem sie endlich einen Putzeimer und Schrubber erobert hat, scheuert sie das Zimmer. Professor Blum sehr einverstanden, er hat längst eine regelmäßige Putzkolonne für das Prominentenhaus beantragt, sie aber noch nicht erreichen können.
Ein ganz anderer Typ, die uns weiter Zugewiesene. Nicht ganz ohne empfehlendes Zutun von Fräulein Gorter, ehemalige Kollegin als Krankenschwester, die sehr schlecht untergebracht war. Die Prominenz? Man kommt nicht recht dahinter.
Schwester Margot ist das, was man als reichlich herbe bezeichnet. Unverbindlichkeit im Ton, Neigung zum Widerspruch, setzt sich nicht hinauf, aber den anderen herab. Sie scheint dem Professor auf die Nerven zu gehen. Ungezogen! äußert er sich über sie zu Fräulein Gorter. Die verteidigt: Ein ehrlicher Kerl und gewissenhaft im Beruf. – Ich denke mir im Stillen, ich möchte mich nicht von Schwester Margot pflegen lassen.
Endlich mal wieder Vater Geissmar. Ganz erholt behauptet er, es wäre nicht schlimm gewesen, und er habe es dort im

Krankenhaus gut gehabt. Den allzu kalten Klodienst hat er vertauscht gegen die Aufsicht im Männerwaschraum, der erwärmt, weil gleich neben der Küche, auch von der Weiblichkeit begehrt, die sich ab und zu vor der festgesetzten Männerstunde einzuschmuggeln versuche, so daß er mal als Engel mit dem feurigen Schwert eine bereits splitternackt ausgezogene Evastochter aus dem Paradies zu vertreiben gehabt. Unentwegt sein Glaube an unsere Rückkehr: Wir nehmen Sie mit nach Heidelberg. Ich blicke trübe. Um mich lächeln zu machen, variiert er im Hinblick auf unsere momentane Zimmerbelegschaft: Vier Mädchen – und ein Mann! (Titel einer ehemals sehr bekannten Posse).

Es sollte bald wieder um eins weniger werden. Nachts um zehn Uhr Amtsmeldung, daß Gräfin Kolowrat entghettoisiert worden, um vier Uhr morgens abgeholt und nach Prag zurückgebracht werde. Die Gräfin ist gar nicht so sehr erfreut darüber, als man annehmen sollte. Fräulein Gorter steht auf und hilft ihr packen. Sie verschwindet in die Nacht hinaus ...

Am nächsten Morgen Lauffeuer der Aufregung durchs ganze Haus: Post! Im Büro abgegeben, wird sie vom Büro aus verteilt werden. Frau v. Peci tritt ein: Was bekomme ich von Ihnen, wenn ich Ihnen eine Karte von Ihrer Eva bringe? – Einen Augenblick stockender Herzschlag. Bis sie vorgelesen: Schönstes Weihnachtsgeschenk Deine Nachricht. Päckchen folgt. Uns geht es gut. – Ich bin etwas betäubt. Das plötzliche Licht blendet noch. Nun wissen sie von mir und ich von ihnen. Und geht ihnen gut! Wirklich?

Viele im Hause haben Post bekommen. Die Feury von ihren Kindern, Franzi von ihrer Tochter. Weihnachtserwartung bemächtigt sich des Gemütes, fast zweitausendjährig unverminderte Magie des Sterns über Bethlehem ... Wieder einige Tage später wird die Ankunft von Päckchen aus dem Büro gemeldet, müssen von den Empfängern auf der Post abgeholt werden. Baron Karl mit meiner Essenskarte als Ausweis besorgt es für mich. Bringt die vom Beamten geöffnete und untersuchte Schachtel, doch ist nichts beanstandet und herausgenommen worden. Eine große, sehr gut gepakkte Schachtel – von Frau Harms – voll Gebäck, Knäckebrot, Würfelzucker und – wie verständnisvoll – Papierservietten und Toilettenpapier. Baron Karl erhält seinen Botenlohn, eine Handvoll Plätzchen, von denen ich all meinen Zimmergenossen anbiete. Sie sind ein sehr liebenswürdiger Mensch, sagt Fräulein Gorter zu mir, was ich übertrieben finde. Ich kann doch nicht essen und die anderen zusehen lassen.

Frau W. und Franzi haben gleich drei Päckchen erhalten. In ein Päckchen mit Gries eingeschmuggelt zwölf Zigaretten! Geglücktes Wagnis, denn Zigaretten werden unnachsichtig beschlagnahmt. Und Lippenstift, Rouge und Puder für Franzi und einen Büstenhalter. Ja, die Tochter kennt ihre Mutter, kennt die Sicherheit, die gutes Aussehn verleiht! Für die Omi eine ganze Flasche mit Lebertran, die als Medizin durchging.

Drei Tage vor Weihnachten das Päckchen von Eva. Sie hatte schon geschrieben, daß sie nur über die Kultusgemeinde und nur einmal im Monat und nur ein Kilo schicken dürfe. Kleine Portionen aber Erlesenes. Butter, Mettwurst, Käse, Cakes und Bonbons! Die sich Klaus [Hauptmann, die Hrsg.] und die Kinder abgespart. Rührung. Es mag wohl im Reich auch nicht mehr sehr reichlich zugehn. Inzwischen haben auch die Zimmergenossen Päckchen bekommen. Der Professor von seiner langjährigen Hausdame eines, das schon zu einem gewichtigen Paket ausgewachsen. In der Czechei darf anscheinend mehr geschickt werden. Fräulein Gorter von Freunden, Schwester Margot von Verwandten. Ich brauche also weder zu bedauern noch zu bedenken.

Droben im Hirschpark soll sogar ein Christbäumchen und Kerzchen dazu angekommen sein und eine Fülle von Lebensmitteln, soweit sie nicht geheimgehalten werden. Aber das Geräucherte verrät sich durch den Geruch. Ich gehe zu Wassermanns hinauf. Stockfinster. Es ist Lichtsperre ver-

hängt, wegen einiger Diebstähle und sonstiger Vergehen im Ghetto. Franzi stellt ein kleines holzgeschnitztes Berchtesgadener Engelchen auf, das die Tochter mitgeschickt hat. Das Engelchen trägt eine Kerze, die mit dem Opfer der Kostbarkeit eines Zündholzes angezündet wird. Das Fünkchen flimmert in die Dunkelheit. Erstes Weihnachten in Theresienstadt. Ob das letzte?!
Ich liege zu Bett, und die Wirklichkeit entweicht. Die Phantasie verwirklicht das Unwahrscheinlichste. Wie aus goldenem Lichtflor steht der Engel der Verkündigung da, sein Gesicht das Gabrielens „Ehre sei Gott in der Höhe, und Friede den Menschen auf Erden ...".
Tönt noch immer, diese Verheißung der Tausendjährigkeit. Aber was sind tausendmal tausend Jahre? Noch nicht ein Atemzug der Ewigkeit. Und wir armseligen Menschlein haschen nach dem seienden Nicht-Sein des Augenblicks.

Feiertagsbesuch. Meine Geissmars. Auch sie sind bedacht worden von Martha und den Freunden Mangold. Ich bin sehr froh, und Frau Liesl muß von meinen Bonbons kosten. Aber Vater Geissmar lehnt es energisch ab.
Und kaum mehr erwartet, doch um so mehr erwünscht, erscheint Lotte Pariser. Sehr leidend gewesen, fast immer gelegen, konnte sich den Weg nicht leisten. Sie hungert zu sehr, konnte jetzt einen Pelz verkaufen, sich dafür Kartoffeln verschaffen. Hübsche Person, äußert beifällig Fräulein Gorter, Prinzessin aus einem Marlittroman. Dazu denke ich: ihrem Wesen nach aus einem Märchen.
Den Nachmittag werde ich eingeladen zu Professor Loewy im ersten Stock, die mich einmal bei Hirsch getroffen. Ein Ehepaar, nicht mehr jung, von dem mir trotzdem gesagt wird, das schönste Paar in ganz Theresienstadt. Er ist Arzt, Neurologe, war Professor an der czechischen Universität in Prag, Schüler Freuds, den er hochverehrt, ohne sich in seine letzten Konsequenzen hineinzwingen zu lassen. Ich werde mit einer Wärme aufgenommen, die mir wohltut, bekomme

ein Glas echten Tees , Bewirtung ist eine große Seltenheit im Prominentenhaus. Professor Loewy ist zuckerleidend, hat infolge der Aufregungen einen leichten Schlaganfall erlitten, spricht sehr langsam, was seine Frau sehr bedauert, er sei vorher die sprühende Lebhaftigkeit selbst gewesen. Ich weiß das nicht, finde seine Redeweise sehr angenehm, ihren Sinn gut und klug, wenn ich auch nicht in allem mitkann. Er läßt mich aufs Geradewohl, ich darf mich nicht besinnen, eine Zahl nennen, dreistellig. Nach Überlegung folgert er daraus, ich gehöre mehr dem Mutter- als dem Vaterkomplex an. Es kann was richtiges daran sein, aber wieviel Zufallserraten und wieviel Logik daran! Frau Loewy scheint eine liebenswürdig unverdrossen tätige Natur. Hat in Prag in der bereits bedrohlichen Zeit Pediküre gelernt. Ist hier sehr gesucht und verdient damit. Brot und Margarine, sehr nötig für die beste Ernährung ihres Mannes, der hier auf so vieles, was ihm zuträglich wäre, verzichten muß. Ich fühle mich gern gesehen und werde gern wiederkommen.

Ist es die gelockerte Stimmung der Festtage, das Bedürfnis der Abwechslung – Fräulein Gorter lädt ein zu Abend: eine ehemalige Zimmergenossin, eine Frau Spies aus München. Elfenhafte Erscheinung wird mir gesagt, dichtet. Der arische Mann hat sich von ihr scheiden lassen, wodurch sie nach Theresienstadt gekommen, die einzige Tochter scheint sehr ängstlich und redet sie auf den Karten als liebe Tante an. Bedauernswert und der Anteilnahme bedürftig.

Fräulein Gorter hat aus aufgeweichten Brotresten mit etwas Marmelade und Zucker einen Kuchen gebacken, der zwar nicht genußreich, aber genießbar ist. Sie und Schwester Margot bestreiten die Unterhaltung. Frau Spies, die eine schwache Stimme hat, sagt wenig. Sie wird gebeten, einige Gedichte von sich vorzutragen. Ich habe den Eindruck von leicht fließenden Versen, aber nicht mehr. Fräulein Gorter und Margot sind begeistert. Ich anerkenne, um nicht des Brotneids verdächtigt zu werden. Und Frau Spies tut mir menschlich leid.

Als nächste Überraschung: Schwester Margot hat ihr Herz entdeckt. Für die Feury. Diese Baronin, ihr Leben lang in glänzendsten Verhältnissen, wie die jetzt arbeitet, ihre Leute versorgt, sogar nachts aufsteht, wenn einer krank! Daß die Feury so freundlich mit mir umgeht, hebt mich sichtbar in ihren Augen. Sie bewundert nicht nur, sie leistet Dienste. Pumpt bei der bereits empfindlichen Winterkälte Wasser für sie am Brunnen, schleppt die Eimer zu ihr hinauf. Viel zu hilfreich, um aufdringlich genannt zu werden, macht sie sich im Hirschpark möglichst viel zu schaffen. Ob der Adel dabei eine Rolle spielt, soll nicht entschieden werden. Jedenfalls gebraucht sie das Wort „Vornehm" öfter als früher.

Zu erwarten und doch unerwartet Neueinquartierung. Eine Frau Wollschofski [gemeint wohl: Wongtschowski, die Hrsg.]. Unförmlicher Name für eine, wie mir scheint, sehr sehr unscheinbare Trägerin. Ganz das Gegenteil von Schwester Margot. Still und gedrückt und traurig. Sie hat vor kurzem ihren Mann hier verloren, in einem Keller mit Ratten und Mäusen untergebracht. Wären sie gleich hier hereingekommen. – Aber die Ordre aus Berlin, daß er als ehemaliger Oberarzt der Eisenbahner Anspruch auf Prominenz habe, traf zu spät ein.

Silvester gehe ich das erste Mal zum evangelischen Gottesdienst mit Baronin Waldenfels. Sie ist die einzige von der seit hundert und mehr Jahren katholischen Familie Hirsch, die evangelisch. Übergetreten wegen ihres Mannes, der Offizier war. Dunkelheit und feuchte Kälte und viele Absperrungen des direkten Weges, der nur von den Edelfüßen reiner Arier betreten werden darf, verlängern die Strecke. Der Versammlungsraum ist auf einem Speicher, die letzte der drei Treppen eine Hühnerleiter, halsbrecherisch für einen Blinden. Man sitzt auf Holzbänken. An den Wänden, wie mir die Waldenfels zuflüstert, bunte Plakate von der letzten Cabaret-Vorstellung. Ein heiseres Harmonium hält mühsam den unsicher einsetzenden Chor zusammen. Dann spricht

ein Dr. G. aus Hamburg. Sehr gescheit, viel zu gescheit, um feierlich oder gar weihevoll zu sein. Die Einsteinsche Relativitätstheorie mit heranzuziehen ist hier nicht am Platz. Gut, daß Dr. Stargard noch ein paar Worte hinzufügt. Einfache, warme Worte. Der eine hat Herz und der andere hatte kein Herz. Mit dem Choral: Das Jahr geht still zu Ende, so sei auch still mein Herz! schließt der Gottesdienst. Dreiundvierzig? Man erschrickt sich beinahe. Glückwünsche? Man wünscht sich möglichst wenig Schlimmes. Die Feury, immer heiter hoffnungsvoll, berichtet aus einem Brief ihrer Kinder, sie fingen an, die Kapelle zu bauen. Bedeutet: Abbau der Naziherrschaft nach verabredetem Code.
Und die Wasserleitung funktioniert. Das Klo zum W.C. erhoben. Und in jedem Vorraum ein Hahn mit Ablauf. Verkündet wird: jeden Sonntag vormittag darf im Keller in der Waschküche der Kessel angeheizt werden, die Damen können waschen. Auch die Herren, wenn sie Lust haben, wird als Witz hinzugefügt. Ja, es geht uns gut, uns Prominenten, und es ist zu begreifen, daß wir von den übrigen Ghettobewohnern reichlich beneidet und sogar etwas gehaßt werden.

Weißer Winter, verschneite Gartenwege, glitzernder Frost, spüre ich. Tappe mich vorsichtig den einzigen freigeschaufelten Weg am Brunnen vorüber hin und her. Werde angeredet: Frau Gräfin, wollen Sie nicht hineingehn, es ist gleich Essenszeit. Ich lehne die Gräfin ab und bekenne mich zu meiner Bürgerlichkeit. – Aber Baron Karl holt doch jeden Tag das Essen für Sie? Ich bin der Menagemeister. Ich erkläre ihm, daß er mich mit der zweiten Blinden im Haus, der Gräfin Seyssel, die oben bei Hirsch wohnt, verwechselt. Er läßt sich mit mir in ein Gespräch ein. Enragierter Czeche habe er es jahrelang vermieden, deutsch zu reden. – Und jetzt finden Sie es wohl gar nicht so schlimm? Er lacht. – Es käme darauf an, mit wem er rede.
Die Essensträger lassen auf sich warten, und er unterhält sich weiter mit mir. Prag – als er hört, ich sei als Kind einmal

dort gewesen, meine Eltern dort geboren und aufgewachsen, will darin sofort einen Schlüssel für mein andersartig sich Bewegen und Geben gefunden haben. Was gewiß ein Irrtum. Kommt mir aber zugute. Baron Karl bringt mir meinen Topf hochgefüllt mit Kartoffelbrei. Der Menagemeister hat angeordnet, noch ein Löffel darauf. Es ist nicht das letzte Mal, daß ich bevorzugt werde. Und fast noch größere Wohltat – ein schweigend mir in die Hand gedrücktes Paket Toilettenpapier.
Diese Nöte sogar im Prominentenhaus. Und wenn Franzi, die alles fertig bringt, nicht einige zerrissene alte hebräische Gebetbücher aufgetrieben hätte – ich bin überzeugt, der Gott Israels wird es mir verzeihen.
In die Vorkommnisse des Alltäglichen ein Ereignis. Dr. Simon, von fremder Hand geführt, besucht mich. Er ist schon des längeren in einem Blindenheim untergebracht, da seine Frau im Wöchnerinnenheim, das Kind hat auf sich warten lassen. Vorgestern ist es angekommen – ein Junge. Die Entbindung soll schwer gewesen sein, er hat seine Frau noch nicht sehen dürfen, sie braucht äußerste Ruhe – er schwankt zwischen Angst und Glück. Ich bitte Professor Schleissner sich bei seinem Kollegen, dem Leiter der betreffenden Abteilung in der Hohenelbe, nach Frau Simon zu erkundigen.
Den folgenden Abend bringt er mir Bescheid. Frau Simon hat ihrem Arzt, Dr. Heski, der als ausgezeichneter Accoucheur geschätzt wird, schwere Sorge gemacht. Eine Vierzigjährige, die unter den ungünstigen Umständen von Theresienstadt ihr erstes Kind zur Welt bringen muß – kaum zu stillende Blutungen –, aber der eiserne Wille der Frau, für das Kind und den blinden Mann am Leben zu bleiben, wird ihm helfen, sie durchzubringen.
Geburt und Grab. Weinberg, der bis jetzt von seinen Angehörigen weder Nachricht, geschweige Päckchen erhalten hat, bekommt eine Karte: sein älterer Enkel in Rußland gefallen. Sein Lieblingsenkel, weiß ich aus mancherlei Erzähltem. Wie man dem alten Mann das antun kann, ihm diesen Tod

nach Theresienstadt zu melden, müssen sonderbare Leute sein, diese Spretis. Und schicken nichts. Scheinen von der Sorte der Spiestochter zu sein. Wenn Weinberg, der gallenleidend, nicht aus der Diätküche versorgt würde, wäre er schlimm dran. Einige Tage geht er gar nicht aus seinem Zimmer, er will von niemandem angeredet werden. Doch eines Abends schickt er seinen Zimmergenossen, Oberst von Winterstein, herüber, ich möchte wieder mal zu ihm kommen. Doch keine Kondolenz, den erlittenen Verlust überhaupt nicht erwähnen. So tue ich unbefangen, suche ihn auf freundliche Jugenderinnerungen zu bringen, weit, weit weg von der traurigen Gegenwart. Seine erste Orgelstunde mit der überraschenden Weisung des Lehrers: Nun stecken Sie mal beide Hände in die Hosentasche! – Ja, womit er denn spielen solle? – Erstmal mit den Füßen, mein Lieber, mit den Füßen. – Ein wenig bringe ich ihn zum Lächeln, aber er ist nicht mehr derselbe wie früher, in seinem Gesicht etwas Verfallendes.

Bei uns erkrankt Schwester Margot. Jeden Morgen Fieber, das tagsüber absinkt, aber Mattigkeit und mangelnde Eßlust hinterläßt. Der Hausarzt ist sich nicht klar, sie will nicht ins Krankenhaus, fürchtet, ihren Platz zu verlieren. Als nach acht Tagen noch keine Besserung, besteht der Arzt auf ihre Wegbringung. Im Krankenhaus wird leichterer Typhusfall festgestellt. Solchen Verdacht hat Frau Wolschofski, die als Arztgattin schon für geringe Kennzeichen Aufmerksamkeit hat, vorsichtig geäußert, von Fräulein Gorter schroff zurückgewiesen. Frau Wolschofski ist außer sich darüber, daß man eine Typhusverdächtige solange dicht neben mir belassen hat. Sie hat sich mir genähert, hat die Gabe, ungesagte Wünsche zu erfüllen, ist rasch und unermüdlich hilfsbereit. Klein von Gestalt, scheint sie sehr kurze Beine zu haben, die durch Eile ersetzen, was ihnen an Schrittweite abgeht.

Trippeln Sie nicht so, moniert Fräulein Gorter. – Bitte beschäftigen Sie sich nicht mit mir, gibt Frau Wolschofski, schon mutiger als am Anfang, ihr zurück. Sie wird jetzt,

worum sie gebeten, vereinfacht Frau Wong genannt, wie sie es in ihrem einstigen Verkehrskreis gewohnt war. Wir sind alle damit sehr einverstanden. Nach und nach erfahre ich von ihr, daß ihr Gatte als Student in Berlin viel im Hause Kainz verkehrt hat. Daß sie und ihr Mann auf einer Durchreise von München aus Rosie in Etzenhausen besucht haben. Sehr befremdet durch das unbequeme, teilweise sogar dürftige Häuschen im verwilderten Garten. Welch ein Abstand gegen das glänzende, wenn auch ungeordnete Künstlerheim, in dem Rosie ihre Kindheit und Jugend verbracht.
Frau Wong hat einen Sohn, der Zahnarzt, und eine halbwüchsige Tochter in England. Ist gewiß, beide wiederzusehn. Hier könne es doch nicht mehr lange dauern. Ich habe nicht den Eindruck. Alles scheint mit auf lange Dauer angelegt. Man eröffnet eine Bank, von der Ghettogeld ausgegeben wird. Kronenscheine mit aufgedrucktem, künstlerisch entworfenem Moseskopf. Um das Geld in Umlauf zu bringen, zunächst Auszahlungen in verschiedener Höhe. Nach welchem System ist mir nie klar geworden. Ich bekomme den Geringstbetrag von achtzig Mark monatlich. Nötig, denn für jedes Päckchen sind auf der Post fünf Kronen zu entrichten. Mit fünf Kronen jeder Platz in den öffentlichen Vorstellungen zu bezahlen. Franzi nimmt mich zum ersten Male in eine Oper mit. Die „Verkaufte Braut" von Smetana. Am Flügel ein überlegen und temperamentvoller Kapellmeister, der sowohl zu zügeln als anzufeuern versteht. Sänger, denen gerade diese Musik auf den Leib oder besser auf die Kehle geschrieben ist. Prachtvolle Stimmen, ausdrucksfähig für Laune wie Leiden in czechischer Sprache. Und die Musik, weder veraltet noch neuerungssüchtig, die sich am künstlerisch vorzüglichsten in der Ouvertüre ausspricht, erquickt das Ohr und belebt die abgebrauchten Nerven.
Aus dem überhitzten, weil überfüllten Saal in die naßkalte Nachtluft hinaus. Am Morgen alle Anzeichen einer Grippe, rechtsseitig eine leichte Rippenfellentzündung, aber geringes

Fieber. Ich werde ruhig in meinem Bett belassen, bin nur vollkommen stimmlos und auf Zeichensprache angewiesen. Vater Geissmar besucht mich und ironisiert das neugeschaffene Verkehrsmittel: Das einzige, was niemand in Theresienstadt haben wolle, das Ghettogeld!
Nach acht Tagen noch mit einem heftigen Katarrh behaftet, bin ich wieder auf und knie eben auf dem Boden vor meiner Waschschüssel, in die mir Fräulein Gorter auf unserem Öfchen heiß gewordenes Wasser bewilligt hat, um einige Taschentücher auszuwaschen, als Frau Wong, von einem Ausgang zurückkommend, mir entrüstet Schüssel und Taschentücher entreißt und fertig macht. Fräulein Gorter hat es nur zum Bedauern gebracht. Neu ist mir, die nassen Taschentücher ausgespannt an der Fensterscheibe festzukleben, wo sie rasch getrocknet und sogar geglättet werden.
Der März, sagt man, frißt die alten Leute. Eines Spätabends kommt der Oberst herüber und bittet Schleissner zu Weinberg, ob er ihm einen erneuten und besonders schlimmen Gallenanfall nicht erleichtern könne. Nach einer Weile hört man, daß der Hausälteste alarmiert, der Hausdiener abgeschickt wird. Kommt mit Professor Springer, dem hervorragensten Chirurgen des Ghettos, zurück. Nach kurzer Untersuchung wird Weinberg ins Krankenhaus gebracht, noch in der Nacht operiert. Eine ungewöhnliche Anzahl von Gallensteinen erweist die Berechtigung des raschen Eingriffs.
Der Oberst darf den Patienten den nächsten Tag besuchen. Findet ihn erstaunlich munter und guter Dinge. Noch am Abend läßt Weinberg den Oberst nochmals rufen. Er fühlt das Ende, hat wegen seines Nachlasses noch einiges zu sagen.
– In der Nacht stirbt er.
Begräbnis ohne Sang und Klang. Mitgehen nur der Oberst und anstandshalber Professor Blum. Der Rabbiner redet wenige gleichgültige Worte. Nichts von dem bemerkenswerten Wissenschaftler, nichts von der Angesehenheit, die Kultur und Reichtum ihm erworben, einer der letzten Repräsentanten der Wilhelminischen Epoche, der weltbürgerliche

Bildung und Freiheit der vollendeten Form in sich vereinigte.
Das Judentum hätte wohl allen Grund gehabt, diesem Abkömmling Ehre und letzte Ehrung anzutun. Aber der Abtrünnige, der Konvertit, wurde bis ins Grab hinein abgelehnt. Kapitel der Tragikomödie von Theresienstadt.

Noch mehr daraus zu verzeichnen.
In der neu eingesetzten Putzkolonne Angehörige der verschiedensten, teils sehr gehobenen Berufe, eine Kunsthistorikerin aus München, der ich vom Pinderschen Kolleg her bekannt bin. Sie redet mich an, bestellt mir Grüße von der Witwe des Geheimrats Alois Fischer, dem hochangesehenen Pädagogen an der Münchner Universität, die mit ihr in der gleichen Baracke untergebracht ist. Erstaunen meinerseits. Der einzige Sohn – soviel ich weiß – für Hitler! – an der Westfront gefallen, nach München gebracht und mit allen militärischen Ehren beigesetzt worden. Und trotzdem?
Frau Fischer habe sich freiwillig zur Begleitung ihrer Schwester gemeldet, die mit dem Arzt Dr. Levi verheiratet war. Schwager und Schwester sind hier gestorben, sie ist allein zurückgeblieben. Selbst krank, doch möchte sie mich, sobald es ihr einigermaßen besser gehe, aufsuchen. Ich lasse darum bitten.
Erinnere mich an das ehemalige Fräulein Thalmann, sehr befreundet mit Julie Mai, mit der sie oft musizierte, als durchaus annehmbare Geigerin, im Porgeschor sehr geschätzt als sicher einsetzender zweiter Sopran. Ihre Verheiratung mit Alois Fischer allgemein freundlich begrüßt, von manchen vielleicht beneidet. Eine stille, glückliche Ehe, ein Sohn, der erst zur Freude, dann zum Stolz seiner Eltern heranwuchs. Künstlerisch begabt, wollte er sich zum Maler ausbilden. Noch wurde ihm als Halbarier nichts in den Weg gelegt. Doch der Rassenhaß war schon soweit gediehen, daß Geheimrat Fischer nahegelegt wurde, sich von seiner Frau zu trennen. Er zog es vor, sein Amt niederzulegen und sich ganz

nach Brannenburg zurückzuziehen, was ein kleines Haus, nach eigenen Wünschen erbaut, ihnen gestattete. Es war ihm noch vergönnt, darin zu sterben.

Seiner Frau wurde es sofort genommen. Sie mußte nach München zurück, zog mit Schwester und Schwager zusammen, gewiesen in ein mesquines [armseliges] Haus in der Lindwurmstraße, nur zwei Zimmer bewilligt. Der Tod des Sohnes. Julie Mai berichtete mir von dem Begräbnis, dem sie beigewohnt. Der Sarg getragen von sechs seiner Kameraden des Regimentes. Hinter dem Sarg als einzige die tief verschleierte Mutter. Sein Major hielt ihm die Grabrede. Ergreifend, weil selbst ein Ergriffener, sprach er von dem Menschen, der nicht zum Krieger geboren, den Krieg doch in vorbildlicher Haltung zu bestehen gewußt hatte. Voll Tapferkeit vor dem Feind, voll Aufopferungsfähigkeit für die Kameraden, die ihn sein Leben einbüßen ließ. Nachts von zwei Patrouillengängen zurückgekehrt, schon sehr erschöpft, bestand er, da einige Kameraden noch vermißt, auf einem dritten, seinem ungewöhnlichen Orientierungsvermögen vertrauend, sie aufzufinden und aus gefährdeter Lage heimzubringen. Gelang ihm auch, doch nur als schwer Verwundetem. In ein Lazarett hinter der Front übergeführt, telegrafierte der Major an die Mutter. Sie fand den Sterbenden noch bei Bewußtsein und hielt ihn bis zum letzten Atemzug in ihren Armen.

Als die drei Salven über dem Grab abgefeuert waren, wagte es der Major, an Frau Fischer heranzutreten und ihr vor aller Augen die Hand zu küssen. Die Mutter eines solchen Sohnes schien ihm das wert. Julie Mai ging nach einigen Tagen sie aufsuchen, wurde zu ihrem Befremden nicht angenommen. Sie möchte nicht gekränkt sein, bestellte ihr Frau Levi, aber die Schwester wolle niemanden sehen, vermochte mit niemandem zu sprechen, kaum mit ihr, nur damit beschäftigt, den Nachlaß des Sohnes zu ordnen und eine Anzahl von Blättern auszuwählen, die vervielfältigt und allen zugänglich gemacht werden sollten, die ihn gekannt. Auch ich

erhielt die kleine sehr geschmackvoll ausgestattete Mappe und legte den Inhalt Frau Pilotys Maleraugen vor. Ungewöhnlich begabt, besonders die Naturstudien, lautete ihr Urteil, das ich mit meinem Dank an Frau Fischer weitergab. Dann hörte ich lange nichts mehr von ihr.
Und nun kam sie. Ihre Züge gezeichnet von nahendem Ende. Sie wußte es und bedauerte es nicht. Wenn auch der Major ihr geschrieben, er setze alles daran, sie entghettoisieren zu lassen. Sie glaubte nicht daran. Ich redete ihr Mut zu, sie habe noch eine Aufgabe, Biographisches aus dem Leben ihres Sohnes und ihres Gatten festzuhalten. Das schien ihr einzuleuchten, und sie schien ein wenig erhellter. Kehrte nicht wieder. Nach einigen Wochen teilte mir die Kunsthistorikerin mit, daß sie gestorben. Standhaft und still, mit dem Bild des Sohnes in der Hand.
Der Tod! Beständig vor der Tür, mußte man sich sagen. Beängstigend, auch wenn er nicht eintrat. Franzi eines Vormittags verstört herunter – die Mutter! Fieber, Erbrechen, Schmerzen an verdächtiger Stelle – Blinddarm. Der Hausarzt hatte schon den Chirurgen aus der Sudetenkaserne herüberholen lassen, der war für Operation. Chirurgen sind immer für Operation. Aber eine Achtzigjährige! Ich riet Franzi, noch Professor Loewy zu konsultieren, auch inoffiziell würde er sich dazu sicher bereit finden lassen. Er war es. Untersuchte und erklärte sich gegen voreilige Operation. In solchem Alter kämen irreführende Stauungen vor, die auch mit milderen Mitteln zu beheben. Sie wurden angewendet, innerlich und äußerlich. Am nächsten Tag das Fieber verringert, die gefährliche Verhärtung verkleinert. Nach zwei weiteren Tagen völlig verschwunden. Ich durfte Frau Wassermann besuchen. Noch etwas matt, aber doch froh und sehr erleichtert, so davongekommen zu sein. Zollte der Ruhe, Gründlichkeit und Sorgfalt Professor Loewys das größte Anerkenntnis. Die gute Franzi dagegen nicht geeignet zur Krankenpflege, viel zu ängstlich und zu hastig.

Die Bestätigung, die mein instinktives Vertrauen zu Professor Loewy durch seine Diagnose und Therapie erhalten, ermutigt mich, ihn auch für Lotte Pariser um Rat anzugehen. Seit Einsatz der wärmeren Witterung kommt sie, schleppt sich des öfteren zu mir, gepeinigt von unaufhörlichen Rückenschmerzen, die sie ein Rückenmarksleiden befürchten lassen. Nach genauester Untersuchung kann er sie darüber vollkommen beruhigen. Neuralgien, gesteigert durch ein sehr empfindliches Nervensystem, und die Unterernährung. Er gibt ihr privat einige schmerzstillende Mittel, die in der Apotheke auch auf Verschreibung nicht mehr zu haben wären. Aber die Unterernährung. Womit ich nachhelfen kann, ist nicht genügend. Sie bekommt sehr wenig geschickt. Nur von ihren Freunden Geheb, bei denen sie eine Zeitlang in der Odenwaldschule mitgeholfen und die jetzt in der Schweiz, ab und zu eine Sardinendose. Wir beraten, durch welche Arbeitsleistung sie sich die wöchentliche Zubuße an Brot, Margarine und Zucker verschaffen könnte. Körperliche kann sie nicht leisten. Wie wäre es mit geistiger – Vorlesen als Blindendiener?

Lotte ist prädestiniert dazu durch Stimme und Sprache, wie mir kleine Proben schon bewiesen, sie ist nur nicht ausdauernd, worauf ich Rücksicht nehmen würde. Ich verfasse einen Brief an Edelstein, der mir schon so mancherlei Wohlwollen erwiesen, und ersuche um Lotte viermal die Woche als Vorleserin. Es geht nicht ganz glatt, sie muß sich verpflichten, an zwei Nachmittagen auch in einem Blindenheim vorzulesen. Wir setzen mit Hölderlins Empedokles ein. Meine Erwartung hatte mich nicht getäuscht. Es ist ein Genuß, ihr zuzuhören. So ausgezeichnet Frau Wassermann Prosa vorliest, verständig, ungekünstelt und nicht ohne Charakterisierungsvermögen, jeder Vers, jede gehobene Sprache verliert sich ins ausdruckslos Allgemeine, Gelangweilte und Langweilende. Sie weiß selbst und bekennt es ganz offen. In Lotte enthüllt das Poetische, Erhöhte, Bedeutende die eigene künstlerische Begabung, was mich zu der Frage veranlaßt, ob

sie nie daran gedacht, zur Bühne zu gehen? – Nein. Abgesehen von einem ausnehmend schlechten Gedächtnis habe sie, in ihrer Jugend tuberkuloseverdächtig, zwei Winter in Davos verbringen müssen. Ausgeheilt habe ihr auf Befragen ein berühmter Internist zwar die Heirat, aber keine Kinder gestattet. Ein kurzer Ehestand – der Gatte war nach wenigen Jahren gestorben – hatte sie jeder Gefährdung nach dieser Richtung enthoben. Sie hatte auch kein Verlangen danach. In der Freundschaft mit einem viel älteren Manne war ihr Leben aufgegangen.
Sturm im Wasserglase. Wir erfahren von Fräulein Gorter, daß Schwester Margot den Typhus wohl überstanden, aber noch für einige Zeit in einer Übergangsstation behalten wird. Sehr unglücklich darüber, denn dadurch verliert sie ihren Platz bei uns. Aufregende Neubesetzung. Eine Dame, Witwe eines Theaterdirektors Beck, von Frau Göring, die unter seiner Leitung zuerst die weltbedeutenden Bretter betreten hat, telegrafisch an den Sturmführer empfohlen, wodurch sie sofort ins Prominentenhaus übernommen wird. Mir geschildert als eine pompöse Erscheinung, in guten Verhältnissen, wohlgerundete Formen, weißlockige, nach dem Jugendlichen hin tendierende Sechzigerin, das ganze Auftreten gewohnt zu dominieren. Somit zwei Herrische in einem Raum – wie werden sich die vertragen?
Vorerst ist Frau Beck viel unterwegs. Nachdem sie sich mit dem ganzen Haus bekannt gemacht hat, scheint sie auch im Ghetto Anschluß zu suchen an irgend namhafte oder auch einflußreiche Leute.Sie legt sich früh zur Ruhe, wie mir zugeflüstert wird, mit Bettschuhen aus blauem Atlas und in spitzenbesetzter Negligéjacke. Leisen und leicht gestörten Schlafes, bemerkt sie eines Morgens zu Fräulein Gorter, ob der Professor andauernd nächtlich zwei- bis dreimal das Zimmer verlasse. Triumphierende Antwort – jawohl, sie, Fräulein Gorter, habe ihm das als von guter Erziehung gefordert nahegelegt.

Frau Beck ist empört. Zumutung für den alten Mann, der wahrscheinlich blasenleidend. Altjüngferlichkeit, und nun gar von einer Krankenschwester und in einem Theresienstadt! Ob die Empörung ganz selbstlos, nicht gesteigert durch das allzu vernehmliche Pantoffelschlurfen, Tür aus, Tür ein ... Ein Wort gibt das andere, immer heftiger. Fräulein Gorter stürzt weinenden Zornes ins Büro und erklärt, ihr Amt als Zimmerälteste niederzulegen. Professor Blum beruhigt, vermittelt, und da Frau Beck nicht die mindeste Lust zeigt, das Amt der Zimmerältesten zu übernehmen, wird schließlich eine Art Waffenstillstand geschlossen. Der unschuldig-schuldige Veranlasser des Konflikts erfährt nichts weiter davon, als daß der Hausvater ihn beiseite nimmt und ihn ersucht, die nächtlichen Wanderungen durch Wiederaufnahme früherer Gepflogenheit möglichst zu beschränken. Frau Wong und ich nehmen keinerlei Partei, halten uns still und geduckt. Fräulein Gorter, um nicht die Gekränkte zu spielen, verdoppelt ihre Aufmerksamkeit für den, für ihren Professor, holt ihm trotz eines Ischiasanfalls regelmäßig und rechtzeitig, wenn auch hinkend, seine Menage herein. Sie macht sich lächerlich vor dem ganzen Haus, sagt Frau Beck. Mir tut sie leid. Nicht zu leugnen dies: Wenn ich dich liebe, was gehts dich an? – allzu deutlich. Merkt der Professor es nicht, oder will ers nicht merken? In der bereits sonnenwarmen Mittagsstunde im Garten sitzend, gesellt sich zu ihm die chemische Jugendfreundin aus dem ersten Stock. Fräulein Gorter, niemals herangeholt, abseits mit einem Buch. Ich bleibe dabei, daß sie mir leid tut.

Friede wird erst aus dem Waffenstillstand als Frau Beck im Hirschpark einen Bridge inszeniert – selbst eine Bridgematadorin, die schon bei Bridgeturnieren mitgewirkt – und Fräulein Gorter als Vierte gebraucht wird. Sie spielt leidenschaftlich gern, aber nicht gut, und bewundert die Überlegenheit von Frau Beck. Aus dem Gegensätzlichen von Abneigung und Bewunderung ergibt sich ein Verbindendes, Anerkennung. Sie kommen von da ab miteinander aus, lassen sich gegenseitig gelten. Ich verstehe garnichts vom Kartenspiel, am wenigsten vom Bridge, der schon in München jahrelang grassiert hat. Hier hat er was gutes gestiftet. Verträglichkeit durch Zerstreuung. Durch Sammlung wäre besser, die einen Gran philosophischer Besinnung aufbrächte. Aber besinnen will sich hier niemand, nur wegdenken. Comedia del l'arte – Extempore ein jeder Tag – das einen sogar manchmal zum Lachen bringt – worüber man sich selbst erschrickt.

Und es ist Mai geworden. Die böhmische Erde, selten glückliche Mischung von Lehm und Sand, überquellend von Saft und Kraft. An Bäumen und Sträuchern beinahe mehr Blüten als Blätter. Die Luft betäubend schwer vom Duft des Faulbaums, Flieders, Weiß- und Rotdorns. Hochzeitsstimmung der Natur, der man sich nicht entziehen kann. Ich gehe gleich morgens in den Garten. Gewöhnlich begrüßt mich an der Haustür eine erstaunlich tiefe Kinderstimme: Hier Wolf Murmelstein, Söhnchen des vor kurzem erst eingetroffenen und im Nebenhaus untergebrachten Wiener Oberrabbiners, dem der Ruf vorausgegangen, einer der gescheitesten, dicksten und auch von den Juden bestgehaßtesten Juden zu sein, und der in der ersten Nacht von seinen eigenen Glaubensgenossen überfallen und durchgeprügelt worden, so daß er nurmehr unter polizeilicher Aufsicht ausgeht.

Seine Frau hat mich angesprochen, unwienerisch gedämpft, unübertrieben deutliche Sympathie merken lassend. Beschenkt mich mit Briefpapier und Kuverts, hier kaum aufzutreiben. Und Wolf – wie mir gesagt wird – ein sehr hübscher, blondgelockter Junge, der Mutter ähnlich, führt mich die schmalen Wege hin und her, mehr aus Freude am Kommandieren – nach rechts – nach links – umkehren! – als aus Mitgefühl für meine Blindheit. Lange hat der Achtjährige auch nicht Geduld, worüber ich nicht böse bin. Sehr orthodox weist er ein Plätzchen, das ich ihm herunterbringe, verächtlich mit dem mir neuen Ausdruck zurück: Trefe!

Pünktlich um halb elf holt mich Frau Wassermann zum Spazierengehen. Soweit man sich nicht durch Verplankungen hindurchzwängen muß, die Hauptverkehrsstraße entlang. Mir kein Vergnügen. Gedränge, Gestoße, Rücksichtslosigkeiten, ja Unverschämtheiten. Der Wind hat meine Echarpe, auf die mein Stern aufgenäht, umgedreht. Eine grobe Stimme schreit mich an: Ohne Stern? Werd dich anzeigen. – O, sie sind sehr darauf aus, all diese Gebrandmarkten, ob aus Hochmut oder aus Wut, keine Ausnahme zu dulden.

Von den neu aufgemachten Läden sehe ich nichts. Frau Wassermann beschreibt mir kunstgewerblich Gemaltes und Gedrechseltes, reizendes Spielzeug, soll von den Ariern viel nach Hause geschickt werden. Endlich angelangt auf einer Wiese, außerhalb des Städtchens, zwischen blühenden Büschen einige Bänke. Viel zu wenig für all die Platzsuchenden. Kaum ein Eckchen zu haben. Wir müssen uns trennen. Jede auf einer anderen Bank. Ich habe meinen Schirm aufgespannt, denn die Sonne brennt schon sehr heiß, sitze am liebsten ganz still, froh nicht angeredet zu werden von dem Mitteilungsbedürfnis des neben mir. Leider sehr groß, immer das gleiche, mehr oder minder angeähnelt, wie gut mans einmal gehabt, wie schlecht man es jetzt hat. Zwischendurch schreiende und meist sehr ungezogene Kinder. Ich finde es schöner, auf bald angetretenem Heimweg im Schatten einer breiten Lindenallee Halt zu machen. Wir setzen uns auf zwei nahe beieinanderstehende Prellsteine. Nicht bequem, aber ungestört. Und lasse mir von Frau Wassermann erzählen. Sie tut es gern und ich höre es gern. Familiengeschichten, nicht ohne historischen Hintergrund.

Die Eltern, beheimatet in einem kleinen fränkischen Marktflecken, ein schönes, armes Paar, das sich aus Liebe gegen den Willen der Angehörigen, was bei Juden selten, geheiratet. Die junge Frau, schwiegermütterlicherseits so angefeindet, daß der Mann sich entschließt, nach Nürnberg überzusiedeln. Ein kleines Geschäft eröffnet unter dem vielumfassenden Aushängeschild: Landesprodukte, sich aber immer mehr auf den Ein- und Verkauf hochwertiger Fettstoffe konzentriert.

Im wiederum kaiserlich beleuchteten Frankreich hat der zweite Napoleon, dem keinerlei Genialität, nur volkswirtschaftlich kluge Regententüchtigkeit eignet, einen Preis ausgesetzt für die Herstellung eines billigen und nahrhaften Fettersatzes. Ergebnis – die Margarine. Französische Propaganda dafür gelangt bis nach Nürnberg, zwei Herren legen in leidlichem Deutsch Herrn Fechheimer die Vorteile der neuen Erfindung dar. Der ist hellhörig für Zukunftsmusik und erwirbt nach reiflicher Überlegung den Anschluß an das Patentrecht einer französischen Firma. Stellt sein Geschäft um auf einen Fabrikbetrieb, rasch erweitert, erwächst aus ihm Wohlstand, im Laufe der Jahre solider Reichtum.

Die Grande Nation verliert im Siebzigerkrieg Elsaß-Lothringen, Napoleon den Thron, im neu-kaiserlich vorsichtig benannten Deutschland wird die Margarine eine Macht. Erfolg der Ruhmlosigkeit.

Wie anders sehen sich schon nach hundert Jahren die Geschicke der Welt an. Bloße Vorkommnisse steigen zu Ereignissen auf, vermeintliche Ereignisse sinken zu Vorkommnissen herab.

Meine Gedanken – wie wird sich einmal diese Theresienstadt ausnehmen?

Eine herrliche Stadt, hat der Führer gesagt, die ich den Juden geschenkt habe. Soll mit dieser Herrlichkeit wirklich Ernst gemacht werden?

Eine fieberhafte Verschönerungswut, von der SS-Leitung anbefohlen, ist auf Kosten äußerster Anspannung der jüdischen Arbeitskräfte ausgebrochen. Auf dem Marktplatz, den die Post und andere ansehnliche Verwaltungsgebäude umstehen, werden Bänke aufgestellt, große Blumenbeete angelegt. Häuser werden ausgebessert und angestrichen. Straßen werden aufgerissen, um Gleise zu legen. Die Bahn, bisher nur bis Bauschowitz, soll ihre Endstation in der Stadtmitte haben. Zu größerer Bequemlichkeit der An- und Abtransporte. Unheimliche Bequemlichkeit ... Was noch? Namensänderung! Theresienstadt kein Ghetto mehr, erhoben zum K.U. Die Straßen erhalten ihre früheren Namen wieder. Unser Prominentenhaus auf einmal an der Seestraße, die gewiß nie einen See gesehen hat. Gerüchte, daß eine internationale Kommission Theresienstadt besuchen und besichtigen wird. Darum müssen wir uns zu einem Musterlager eines K.U. vervollkommnen, ein Ausstellungsstück für die politische Schaubude.

Was sagen Sie dazu, Vater Geissmar? Daß man Fühlung sucht mit der öffentlichen Meinung der Welt, daß es den Nazis nicht so gut geht wie sie ausposaunen, der Widerstand gegen die Engländer an der afrikanischen Nordküste aufgegeben werden mußte und daß es in Rußland nicht vorwärts geht. Stalingrad nicht mehr in ihren Händen. – Und das erfahren Sie? Durch czechische Gendarmen, die das Radio Prag abhören.
Sicher ist, daß es kriselt. Dr. Seidl ist an die Front abberufen worden. Ich bedaure es. Münchner, und ich hatte alle Ursache zu vermuten, daß er mir nicht abgeneigt. Sein Platz eingenommen von einem Herrn Rahm, dem der übelste Ruf vorausgeht: der der Brutalität. Edelstein verschwunden. Wies behauptet, weil er sich allzu menschlich eingesetzt für einige in Transport geratene Opfer. Verschwunden auch mein Gönner, der Menagemeister. Wohin? Birkenau, ein Nest an der polnischen Grenze, soll zu einem Ableger von Theresienstadt gemacht worden sein. Eine Mutter, die von Tochter und Enkelin losgerissen, dorthin gebracht worden, schreibt eine Karte: Wir bauen auf, aber in Theresienstadt wars schöner.
Hier muß Raum gewonnen werden für viele Neuankömmlinge aus Frankreich, aus Holland, und eines Tages –

schmerzlich freudige Überraschung – Martha [Geissmar, die Hrsg.] aus Berlin. Mit ihrem Chef, der mit dem ganzen Apparat seiner jüdischen Sippenforschung hierher verfrachtet, und dem sie als seine Sekretärin weiterhin beigegeben bleibt.

Das Wiedersehn mit den Eltern, die Erleichterung des Beisammenseins, morgens und mittags auf einer Wiese oder im Park des Barockschlößchens, abends in reinster Luft auf dem Dachgarten der höchstgebauten Dresdner Kaserne, das täuschte hinweg über eine Existenz, der jegliche Grundlage an Sicherheit und Selbstbestimmungsrecht fehlte. Und Knebelung hatte man in Berlin schon genug zu ertragen gehabt. Die Verachtung einer gehässig unmittelbaren Umgebung, nicht auf Schritt und Tritt spürbar.

Das Ansehen der Sippenforschung im Ältestenrat verschaffte Martha sogar eine Geige, die ihr nach abgelegtem Probespiel die Aufnahme in eine kammermusikalische Vereinigung ermöglichte. Das Schlimmste – die Unterbringung in einer mit minderwertiger Weiblichkeit überfüllten Baracke, in der es nachts Wanzen von der Decke regnete. Aber in Berlin hatte es Bomben geregnet, ganze Geschwader englischer Flugzeuge, gegen deren Überzahl die Flak machtlos, hatte schauerliche Zerstörungen angerichtet und das Gesicht der stolzen Reichshauptstadt entstellt. Hermanns (Göring) prahlerischer Hochmut, er wolle Hans heißen, wenn nur ein einziges Flugzeug bis Berlin gelange, zur Lächerlichkeit geworden. Hier konnte man, um sich nachts vor den Wanzen zu retten, seine Matratze auf die Wiese vor der Baracke hinausschleppen und in Ruhe schlafen, tagsüber sich in dem Bürozimmer aufhalten, das Dr. Simon zur Verfügung gestellt war. Und vor allem, jede freie Minute den Eltern widmen, Hoffnungen und Päckchen mit ihnen teilen, sie erheitern und bei besonderem Anlaß sie feiern.

Voll beglückter Rührung schildern mir beide Geissmars – eines oft dem anderen das Wort vom Mund hinwegnehmend –, wie Martha ihnen ihren vierzigsten Hochzeitstag zu

einem auserlesenen gemacht hat. Der Chef hatte ihr den ganzen Tag freigegeben.
Frühmorgens holte sie die Eltern, die ihre Klappstühlchen mitnehmen mußten, zu einem Frühstück im Freien, unter den Schutz eines großen, abseitsstehenden Baumes, den sie vorher ausgekundschaftet. Im Korb mitgebracht die Thermosflasche mit dem Rest lang gesparten echten Tees, im Becherlein rundum gereicht. Dazu erfinderisch illustrierte Brötchen aus Päckcheninhalt und ein paar Radieschen, von einer gärtnerisch Beschäftigten für eine Schürze erstanden. Schmeckte herrlich. Man redete von Elsle und Ruth, noch im vorigen Jahr ein Rotkreuztelegramm von Elsle erhalten, es gehe ihnen gut. Morgenfrische und Vogelgezwitscher – Das Geschenk des Augenblicks ließ ein jedes von den Dreien empfinden, es gehe ihm gut. Um zehn führte Martha die Eltern ins Büro, heimlich vorbereitet ein Ständchen für die Jubilare. Ein Mozartquartett, von Martha und drei Kollegen gespielt. Welch eine Musik! Mühelose Vollendung, ewig junge Schönheit.
Mittags wieder unterm Baum. Martha hatte erreicht, die gemeinsamen Kartoffeln in einer Wärmeküche mit Margarine aufrösten zu dürfen, hatte die seltene Zuteilung eines Blättchens Salami hineingeschnitten, Eintopfgericht, für das jeder seinen Löffel mitbrachte. Nachtisch: Bahlsen-Kekse mit Kunsthonig bestrichen. Man hatte diniert!
Nach ausgiebiger Nachmittagsruhe abends das Konzert der Kammermusikvereinigung. Händel und Bach. Martha an der ersten Geige. Nach den vielen Trübseligkeiten dieser Tag wie ein vergoldender Traum auf langehin. Sollte es der letzte gewesen sein?!
Die Linden blühen. Gabrielens Todestag jährt sich. Die Wunde in mir bricht wieder auf, unheilbar. Nicht, daß sie gestorben, nur, daß sie soviel gelitten. Nie zu vergessende, noch zu vergebende Bitterkeit. Tags darauf das erste Päckchen von Hans [Bernstein, die Hrsg.], adressiert an Gabriele Porges. Wird mir als der nachweisbaren Schwester ausge-

händigt. Über Portugal-Lissabon geschickt, eine kleine und eine größere Sardinendose. Unschätzbarer Nährwert. Fromme Gemüter wie Franziska würden an eine unmittelbare Fügung glauben. Ich sehe nur das Fortwirken eines unvergleichlichen Andenkens.
Noch eine Gnade ist an ihr geschehen.
Wer mit ihr sprach, kann nicht verloren gehen.

Und mitten in die sommerlichen Zeugungskräfte hinein, wird man wieder an den Tod gemahnt. Frau Wong, mit ihren immer allzu eiligen, hastigen kleinen Schritten, wird auf der Straße von einem Grobian umgerannt. Fällt, kann sich zwar noch aufrichten, aber nicht mehr gehen. Wird von zwei jungen Burschen auf gekreuzten Armen, die ihren rechts und links einem jeden um den Hals gelegt, was wir als Kinder Engeltragen nannten, nach Hause gebracht. Schenkelhalsbruch – kein schwerer, mehr ein Sprung, aber sie muß ins Krankenhaus, gleich ins nächste, das von unserem Garten aus durch einen Torweg zu erreichen.
Am ersten Besuchstag wage ich, mich hinüber zu tappen. Saal 17, wird mir gesagt, zwei Treppen hoch, eine Aufgabe. Im Vorübergehen bemerkt eine Schwester meine Blindenbinde und führt mich in den Saal, überfüllt und lärmend. Ich darf mich zu Frau Wong auf den Bettrand setzen, die außer sich, daß ich allein herübergekommen. Wie es ihr gehe? Nicht schlecht, die Heilung scheine normal zu verlaufen. Und die Pflege? Halblaute Antwort. Die tüchtigen Schwestern sind nicht liebenswürdig, und die liebenswürdigen nicht tüchtig. Aber sie hoffe, bald zurückzukommen, ich soll mich nicht unterstehen, nochmals allein hier heraufzuklettern.
Auch Frau Beck besucht die Patientin. Sie hat merkwürdigerweise Sympathie für diese der ihren so ganz entgegengesetzte Natur. Gibt mir regelmäßig Bescheid. Frau Wong mache bereits Bewegungsübungen, nach weiteren acht Tagen, sie dürfe aufstehen. Und dann – plötzlicher Rückschlag

– Lungenbeschwerden – Embolie. Hoffnungslos, weiß sie sofort. Stirbt nach einer Stunde. – Ich vermisse sie und beklage sie.
Wer wird noch auf die Verlustliste gesetzt werden?

Dr. Sachs läßt nichts von sich hören, obwohl er es versprochen. Ich bitte Franzi, nach ihm zu sehn. Er ist nicht mehr in seiner bisherigen Ubikation. In dem und dem Krankenhaus. Sie geht hin, wird nicht eingelassen, kein Besuchstag. Sie schreibt ein Zettelchen und läßt es ihm hinaufschicken. Wartet unten. Er kommt an ein geöffnetes Fenster im ersten Stock. Abgemagert, elend, dankbar erfreut, daß man sich seiner erinnert hat, an ihn gedacht hat. Seine Krankheit? Herz und Hunger. Er wird uns genaueres schreiben. Die Woche vergeht, eine neue beginnt. Nichts von ihm. Franzi geht nochmals hin – er ist gestorben.

Der Zionist hat sein Palästina nicht erreicht – Frau Wong nicht ihre Kinder ...

Was wird uns noch bevorstehen?!
Vorläufig Aufregung. Die Inspektion der SS, sehr geängstigt von dem Hausältesten angesagt. Daß ja vor jede Politschka, auf der man sein Geschirr stehen hat, das Vorhänglein vorgezogen. Daß kein aufgehängtes Handtuch zu sehen! Man muß jeden Augenblick des Überfalls gewärtig sein.
Drei sind es. Treten ein, ohne anzuklopfen, Mützen auf dem Kopf, Zigarette im Mundwinkel. Wir Damen – der Professor ist nicht da – müssen aufstehn. Einer stellt Fragen, die beiden anderen hören zu. Das übliche: Sie heißen? Sind woher? Haben es gut hier, so bevorzugt.
Die Reihe kommt auch an mich. Nach meinen ersten, belanglos knappen Antworten läßt er sich auf ein Gespräch mit mir ein. Lotte, die zum Vorlesen anwesend, beobachtet genau, erzählt mir nachher, wie die Maske der Mißachtung deutlich von seinem Gesicht abgefallen und etwas Menschli-

cheres zum Vorschein gekommen wäre. Die kühle Unbefangenheit, mit der ich wohl die Bevorzugung zugab, mich aber auf das Gutgehen gar nicht weiter einließ, wurde hingenommen. Lotte behauptete, vor seinem Weggang sogar ein Kopfneigen auf mich bemerkt zu haben. Phantasie, erkläre ich.
Den folgenden Morgen Entrüstung der Feury über eine Unverschämtheit, die sich gerade dieser Wortführer gegen die Gräfin geleistet. Mutiger als ihre ausweichend männliche Umgebung habe sie auf seine unmittelbare Frage geantwortet, daß sie hungere. Worauf er höhnend: Sie leide wohl an einem Bandwurm? Erniedrigung gegen die man wehrlos ...
Die Hochsommerschwüle, die den Menschen bedrückt, läßt die Früchte reifen. Ganze Waggonladungen davon gehen täglich ins Reich. Aufschrift: Aus dem Paradies von Theresienstadt. Die Paradiesbewohner bekommen nichts davon zu schmecken. Ganze Äste, zu schwer behangen, brechen ab, liegen nebenan auf der Wiese. Wer nur eine Frucht davon nimmt – Polenverschickung.
Schlimmere Bedrückungen als der Julischwüle wachsen im Innern. Keinerlei Nachricht von Eva. Aber von schwersten Luftangriffen über Hamburg. Die bohrende Angst ist mir wohl vom Gesicht abzulesen. Frau Wassermann sagt: Sie gefallen mir gar nicht. Martha sucht mich zu beruhigen. Sie habe doch diese Angriffe in Berlin miterlebt. Die Schutzkeller denkbarst ausgebaut. Wahrscheinlich werde von Hamburg keine Post hinausgelassen. Strohhalm, an den ich mich zu klammern vermag. Was ist geschehen? Was wird noch?
Und der Engel erscheint. Diesmal in Gestalt des an sich gar nicht engelhaften Barons Karl. Ein Päckchen für mich. Aus Weilheim von Doda Baukamp. Auf seinem Grund ein Zettelchen, allen Hauptmanns geht es gut. Ich lache und weine. Berge das Zettelchen wie einen Talisman in meiner Tasche. Wie gut von Doda, wie verstehend. Und einen Apfel aus eigenem Garten hinzugefügt. Der erste wieder seit länger als einem Jahr. Wie ich in den hineinbeiße, nachdem ich für Lotte die Hälfte abgeschnitten.

Das sommerliche Wachstum scheint sich auch auf das Ungeziefer zu erstrecken. Im Hirschpark haben sie große Jagd abgehalten und hundert Wanzen zur Strecke gebracht. Gefahr für das ganze Haus. Der maßgebenste Mann des Laboratoriums, der Chemiker Dr. Pick, wird zu Rate gezogen. Gründliche Abhilfe? Nur das Haus für einige Tage unter Blausäure setzen. Wir müssen ausziehen, werden möglichst in die Nähe ringsum verteilt. Unangenehme Aufgabe für die Raumwirtschaft. Denn jeder stöhnt, keiner ist zufrieden.

Als Blinde werde ich doch etwas berücksichtigt, komme in ein kaum drei Minuten entferntes Haus. Zimmer im ersten Stock mit vier Czechinnen. Die Zimmerälteste fühlbar deutschenfeindlich. Nachdem sie meinen Ausweis gelesen, der mich als Frau Bernstein, Geheimratswitwe, und als meine Betreuerin Baronin Feury führt, verächtlich zu den anderen: Nichts als Geheimrätinnen und Baroninnen, und sind doch nur lauter Juden!
Ich weiß also wieviel es geschlagen hat. Das Zimmer ist sehr heiß, trotz der Zugluft durch zwei offene Fenster. Denn auf einem kleinen eisernen Ofen wird gekocht, gewaschen und geplättet. Das Bett eine Flohhölle. Die Örtlichkeit Latrine. Sauber gehalten, wird mir versichert. Trotzdem graust mir.
Ich kenne mich nicht aus, nicht im Zimmer und nicht in dem vollgestellten Flur. Die Stiege bis in den Hof hinunter ist steil. Ich muß jedesmal warten, bis mich jemand mitnimmt. Der Hof ist eingeschlossen von andern Häusern, dumpfe Luft. Ich sitze trübselig auf einer Bank, fühle mich gar nicht wohl. Das Essen bringt mir eine der Czechinnen aus der nächsten Verteilungsstelle, kalt geworden und weniger als im Prominentenhaus, wo immerhin einige Rücksicht genommen worden. Ich habe auch gar keinen Appetit, warte nur mit Sehnsucht, bis mich nach dem Mittag irgendwer in unseren Garten hinüberbringt. Alle versprengt, Frau Wassermann bis in die Bodenbacher Kaserne, Franzi hat vorge-

zogen, auf irgendeinem Speicher zu campieren, die Feury mit der Gräfin irgendwie, irgendwo, als freiwillige Vertretung, nicht aus Liebe für mich, sondern für die angebetete Baronin, Schwester Margot, die wieder gesund.

Aus den angesagten drei Tagen sind bereits fünf geworden, noch immer keine Aussicht auf Rückkehr. Ich merke, daß ich durch Hitze, Schlaflosigkeit und mangelnde Ernährung herunter bin. Unregelmäßiger Pulsschlag und Schwindel. Muß schon nach einer Viertelstunde Schwester Margot bitten, mich zurückzubringen, fürchte, das Haus nicht mehr zu erreichen. Erreiche es auch nicht, falle um. Ohnmächtig. Sie läuft um einen Arzt. Als ich wieder zu mir komme, fühle ich mich wie unter einem dicken schwarzen Glas. Unfähig, mich zu regen oder zu reden. Höre nur wie aus weiter Ferne jemanden sagen: Sie muß hinaufgetragen werden. Dann werde ich auf eine Bahre gehoben, oben im Zimmer zieht man mir die Kleider vom Leib, legt mich zu Bett. Der Arzt horcht das Herz ab, ich bekomme zwei Spritzen, in jeden Arm eine. Die Nadelstiche bringen mich wieder etwas mehr zu Bewußtsein.

Franzi kommt angerannt. Zufällig gerade unterwegs, hat sie von meinem Unfall gehört. Was man für mich tun, mir geben könne? Der Arzt lakonisch: Zucker – möglichst viel Zucker. – Aber woher den nehmen?! Und sie bringt es fertig. Geht und kommt nach einer Weile wieder, war in der nächsten, der Sudetenkaserne, wo sie den großen Männersaal Lager für Lager abgegangen, eine Tasse in der Hand: Gebt mir von Euch eine Messerspitze Zucker für eine Freundin, die vor Schwäche auf der Straße umgefallen.

Und man glaubt ihr, der hübschen, frischen Person, gibt ihr, und lachend vor Erfolgsfreude löffelt sie mir vorerst die Hälfte des Tasseninhalts ein. Soll dir unvergessen sein, Franzi!

Das Gute, scheint es, wirkt ansteckend. Die gestrenge Zimmerälteste tritt an mein Bett: sie habe heute aus Prag Kaffee

bekommen, echten, hier eine Tasse frisch aufgebrühten, besser fürs Herz als die Spritzen.
Ich bin gerührt und dankbar und tue der Czechei Abbitte.
Endlich nach acht Tagen dürfen wir wieder einziehn. Die Fenster, die mit Papierstreifen verklebt gewesen, weit geöffnet. Die Blausäure, die für uns nicht weniger tödlich gewesen wie für die Wanzen, hinausgelüftet.
Nach und nach versammeln sich im Garten, im Vorzug seines Nachmittagsschattens, all die Vertriebenen wieder. Austausch der meist sehr unerfreulichen Erlebnisse. Frau Wassermann war bis in die Bodenbacher verschlagen worden, in ein Zimmer mit zehn oder elf anderen Bewohnerinnen, darunter die drei Schwestern Han, sogleich von ihnen angefahren, warum sie mich nicht mitgebracht. Keinerlei Rücksichtnahme auf ihre Schwerhörigkeit, und in vielen schönen Einzelexemplaren – Wanzen.
Franzi und Frau Beck hatten nachts auf ihrem offenen Speicher sehr gefroren. Jeder unter anderer Unannehmlichkeit gelitten. Man hatte die Vorzüge des Prominentenhauses so recht schätzen gelernt. Nur Professor Schleissner war in einem Einzelzimmer auf der Hohenelbe gut untergebracht gewesen.

Der Garten ist überfüllt. Die Bridgepartner haben sich einen Tisch herausgeschleppt. Jedes Stühlchen besetzt. Lotte und ich flüchten, nachdem wir höflich um Erlaubnis gebeten, auf ein Bänkchen im Garten des Neben-Prominentenhauses, des orthodoxen, derzeit weniger bevölkert. Nicht unfreundlich, wenn auch nicht erfreut aufgenommen. Man weiß von der Aufmerksamkeit, die mir Frau Murmelstein erwiesen. Murmelsteins sind nicht mehr da, haben in den Verwaltungsgebäuden der Magdeburger eine Zweizimmerwohnung bekommen, sollen aber den Verlust des Gartens bedauern. Franzi weiß das alles, hat sie bereits besucht, liegt ihr daran, in guter Beziehung zu ihnen zu bleiben. Und Murmelstein ist bereits in den Ältestenrat aufgestiegen, und Franzi hat immer einige Schützlinge. Aus gleichem Grund hat sie es verstanden, sofort eine Beziehung zu erlangen zu dem hochangesehenen neuesten Ankömmling im Orthodox-Prominentenhaus, dem ehemaligen Oberrabbiner von Berlin. Mir charakterisiert als vollkommenstes Widerspiel Murmelsteins.

Dr. Baeck, groß und schlank, ohne jedes rassische Merkmal, repräsentiert er den Mann gewohnt gesellschaftlicher Formen, erwidert höflich Franzis Bittbesuch, indem er ihre Mutter, die alte Dame, ungetauft, wie er erfahren, in einer Abendstunde aufsucht. Zufällig bin ich zugegen. Seine Bildung rückt seine Gelehrsamkeit nicht in den Vordergrund, durchschimmert sie aber. Der Name – Gerhart Hauptmann –, den Franzi geflissentlich ins Gespräch bringt, läßt ihn betonen, daß auch er Schlesier. Frau Wassermanns Bitte um Bücher von ihm, die sie meiner Blindheit vermitteln könne, will er gerne nachkommen, sobald er einigermaßen ausgepackt. Schickt sie auch nach wenigen Tagen, nicht zu rasch, aber auch nicht saumselig durch seine Haushälterin herüber. Niemandem sonst im Haus hat er Besuch gemacht. Bleibt zurückhaltend drüben in den zwei schönen großen Zimmern, die man ihm und seiner Haushälterin eingeräumt.

Frau Wassermann liest mir als erstes der beiden Bücher „Die Pharisäer" vor. Streng wissenschaftlich, aber unverhohlener Tendenz den Namen von dem üblen Beigeschmack, der ihm anhaftet, zu reinigen. Die Pharisäer waren die hochgebildete jüdische Aristokratie, mit den Fehlern, aber auch Vorzügen ihrer Kaste. Das andere, kürzer gefaßte, eine Kritik der Juden in Rom von Ferdinand Gregorovius. Rückhaltlos anerkannt die Klarheit und Besonnenheit des Stils und der Darstellung, verfehlt und ungenügend die Erkenntnis, wie schwer sogar unter der Herrschaft wohlwollender Päpste die Lage des Judentums in Rom. Wir bedauern nicht, es gelesen zu haben. Ich versuche, dem unüberwindlichen Ressentiment dieses keineswegs wertlosen Schriftstellers, der freilich an die Bedeutung eines Gregorovius nicht heranreicht, gerecht zu werden.

Austausch darüber mit Dr. Stargard, der sich manchmal in einen Schattenwinkel des vormittag-stillen Gartens zu mir gesellt. Die kühle Unnahbarkeit der Orthodoxen, hinter der das Mißtrauen gegen die Ehrlichkeit der Gründe, die zum Austritt von der alten in die neue Religion geführt. Opportunismus, Anpassung an Bequemlichkeiten und Vorteile der staatlich bevorzugten christlichen Religionsformen. Überzeugung aus innerlich unabweisbarer Notwendigkeit eher noch den Katholiken als den Protestanten zugestanden, denen man die Irrtumsgefangenschaft im Mystischen eher verzieh, als den Evangelischen ihre spätgeborene rationalistisch kühle Rechthaberei. Und Stargard verhehlte nicht, wie bekümmert er manchmal über fühlbare Lauheit und Halbheit in seiner kleinen Gemeinde, die gerade in ihrer angefochtenen Lage frei und freudig ihre Bekennerstirn hätte erheben sollen.

Er bewog mich nach flüchtigen Andeutungen, ihm einigen Einblick zu gewähren, wie ich selbst beinahe ahnungslos ins Christliche hineingewachsen, bis zum bewußt verantwortlichen offiziellen Übertritt. Bat mich eines Tages, auch der Gemeinde etwas davon zu erzählen, er verspreche sich davon wirkliche Hilfe für seine Bestrebungen. Ganz anders, dies Gespräch durch jede Frage neu angeregt weiterzuführen, als – auch vor der kleinsten Öffentlichkeit in zusammenhängender Folgerichtigkeit zu reden, was ich noch nie getan. Allein er gab nicht nach. Und um nicht dem Vorwurf eitler Mutlosigkeit zu verfallen, willigte ich schließlich ein. Überlegte nicht ohne Beklemmung, wie ich dem Martin-Luther-Spruch nachkommen könne: Tritt fest auf, tus Maul auf, hör bald auf.

Ein Sonntagnachmittag kam, wie er ab und zu die Gemeinde auch außerhalb des Gottesdienstes zu irgendeinem Vortrag zusammenrief. Ich hatte Stargard gebeten, nichts im

Hause von meiner Jungfernrede verlauten zu lassen. Ich wollte weder Gefolgschaft noch Kritik.

Der Speicher schwamm in einem, auch mir noch erkennbar, letzten herbstlichen lichten Licht. Auf dem Podium ein Stuhl mit Lehne für mich bereit gestellt. Kleine Ansprache Stargards, mit der er mich vorstellte. Ich meinte, etwas von verwundertem Flüstern zu spüren. Die wenigsten wußten von mir. Ich nahm mich zusammen.

Was ich zu sagen hätte: Kleines Bekenntnis zum großen Geheimnis des Glaubens, unserem evangelischen Glauben.

Nächst den Eltern drei Portalgestalten am Eingang meines Lebens. Gestalten. Alle drei dem Vater befreundet: Peter Cornelius, Franz Liszt, Richard Wagner.

Meine erste Begegnung mit Franz Liszt mir nur durch die Erzählung der Eltern überliefert. War eine Blamage. Ich war noch so klein, daß mich die Mutter auf den Arm nehmen mußte, um mich dem Gast zu präsentieren. Man hatte mir ein Veilchensträußchen in die rechte Hand gegeben und mir eingeschärft, es dem Besuch zu überreichen. Stattdessen preßte ich es fest an meine Brust, während ich mit dem ausgestreckten Zeigefinger dem Berühmten ins Gesicht auf die großen Warzen deutete, die es verunzierten, und fragte: Was hat der Mann da? – Die Mutter errötete, der Vater klapste auf den ungezogenen Finger, und Liszt lachte und küßte mich.

Und die Zuhörer lachten auch, und ich fühlte, ich hatte ihre gute Laune gewonnen und konnte mich laufen lassen.

Über das erste nachgestammelte Nachtgebetlein:
„Ich bin klein,
Mein Herz ist rein,
Soll niemand drin wohnen
als Jesus allein"
bis zum ersten, ganz ins Bewußtsein aufgenommenen Weihnachtsabend, dem von silbernem Engelshaar überschimmerten Christbaum, darunter in einer Krippe das wächserne Je-

suskind mit einem Strahlenkränzlein aus Goldpapier. Meine Schwester und ich sangen: Stille Nacht, heilige Nacht. Und später spielte der Vater der alten Dame, die mit uns im Haus wohnte und ständiger Gast aller Feierlichkeiten war, die Weihnachtslieder von Cornelius vor, auf Kapellmeisterart mit ausdrucksvoll halblauter Stimme die Worte mitgebend. Weiterhin durch den Alltag wie den Festtag begleitete einen das Jesuskind. Es war einem Spielgefährte und Vertrauter, sah einen an aus dem Bilderbuch, klang einem aus der Musik. An Sonntagvormittagen spielte mir der Vater einen Choral von Bach vor. Ich lernte an der Oberstimme vom Blatt singen. Langsam begann sich das Jesulein zur Christusgestalt zu wandeln.

Die Volksschule des beinahe noch dörflichen, vor den Toren Münchens gelegenen Vorortes besuchten wir nicht. Einer ihrer Lehrer gab mir und meiner nur um ein Jahr jüngeren Schwester jeden Tag eine Stunde Unterricht. Das genügte vollauf. Mir sehr unbeliebt das Rechnen, besonders wenn es ans Multiplizieren und Dividieren ging, worin zu meiner Schande die Jüngere mir durchaus überlegen. Sehr beliebt das Lesen in einer für Kinder zurechtgemachten biblischen Geschichte und das Nacherzählen. Über Religion gesprochen wurde nie. Natürlich wußten wir mit der Zeit, unter unseren Bekannten seien diese katholisch und jene protestantisch, sahen aber darin gar keinen Unterschied. Die alte Hausfreundin, das Tanti, wie wir Kinder sie nannten, war fromm katholisch, zugezogen zu einem Beisammensein mit Franz Liszt, erschien sie in schwarzer Seide mit goldenem Kreuz auf der Brust und küßte ehrfurchtsvoll dem damals schon Abbé gewordenen die Hand. Protestantisch ihre nächsten Freunde, die Harsdorfs, die Herrmanns, mit deren Kinder wir an Sonn- und Feiertagen zusammenkamen, um zu spielen. Wir wußten, der protestantisch höchste war der Karfreitag, an dem man nicht lärmen und ausgelassen sein durfte. Die Katholiken hatten Fronleichnam für sich. Unterschiede, die nicht als Gegensätze empfunden wurden, denn alle vereinigte doch der Ostersonntag vor dem Wunder der Auferstehung, vor Christus. Daran änderte sich auch nichts, als beschlossen wurde, uns zwecks höherer Bildung ein Institut in der Stadt besuchen zu lassen, erleichtert durch die erste Einrichtung einer kleinen, blauweißen Pferdebahn, die gutmütig genug war, uns Kinder auch an nicht offizieller Haltestelle aussteigen zu lassen.

Man mußte französische Vokabeln auswendig lernen, wurde in regelrechtem Geschichtsunterricht mit vielen Jahreszahlen belästigt und zerbrach sich nicht weiterhin den Kopf, warum gerade diese säuberlich geschiedene Dreiteilung in Altertum, Mittelalter und Neuzeit. Das wirkliche Erlebnis, das Entwachsen aus den Kinderschuhen, war die langsam vom Vater gestattete Einsicht in die Lutherbibel. Er gab sie mir nicht in die Hand, wohl wissend, daß ich trotz Verbotes alles auf einmal verschlingen würde. Er wählte aus, was er für den Entwicklungsstand meiner Auffassungsfähigkeit gerade für geeignet hielt, aus dem Alten, wie aus dem Neuen Testament, betonte überall den Zusammenhang, die Erfüllung der Voraussicht, vor allem aber den Zusammenfall von historisch notwendig gewordener Forderung und entscheidendem Genie. Einmalig, unwiederholbar das Sprachwunder der Lutherbibel. Uralt morgenländischen Geistes nordische Neugeburt.

Nach dem Erlebnis – das Ereignis – die Erstaufführung des Parsifal in Bayreuth. Der Vater schon Wochen vorher zur musikalischen Mitwirkung und besonderem Beistand Richard Wagners bei allen Proben dahin abgereist. Die Mutter sollte mit uns Kindern zu einer der Wiederholungen nachkommen. Wir bekamen neue, hellblaue Kleidchen und durften die Dichtung lesen.

Mehr geahnt als begriffen, wurde das unserem Fassungsvermögen noch Unzugängliche durch die dramatische Verkörperung zum Ereignis erhoben. In der Musik erschütterte mich am tiefsten die Klage des sündig vom Gekreuzigten abgefallenen Menschen.

Und dieses Werk, über dem, wie über keinem der vorangegangenen Wagners, das Zeichen des Kreuzes schwebte, dirigiert von Herrmann Levi, dem langjährig ausgezeichneten Leiter des Münchner Hoforchesters, das der König zur Verfügung gestellt hatte, – von einem Juden, einem Ungetauften.

Halblautes Erstaunen, das sich bis zur offenen Mißbilligung steigerte, nicht rasch genug gedämpft durch die Anwesenheit der Halbwüchsigen, die schon aus Andeutungen das Wesentliche heraushörten.

Und all das an einem Nachmittag, da die Eltern beiderseits verhindert, uns einem kleinen Kreis einheimischer und zugereister Festspielbegeisterter anvertraut hatten zu einem Ausflug nach der Eremitage, dieser Barockperle der kleinen markgräflichen Sommerresidenz, die an diesem Tag ihre Wasserkünste spielen ließ.

Zerrissen die naive Einheit des jugendlichen Weltbildes, der Boden unter den Füßen weggezogen – und wenn wir auch gar wohl bemerkten, mit welcher Auszeichnung Vater und Mutter nicht nur in der alten Künstlerkneipe bei Angermann, auch bei den abendlichen Empfängen in Wahnfried begegnet wurde, mit welch offensichtlichem Vergnügen unser beider – durch die Verdoppelung auffallend – weit über den Gürtel herabreichende blonde Haarmähne bewundert wurde – ein bitterer Nachgeschmack war den Festtagen geblieben.

Nicht einmal ganz unter uns Schwestern sprachen wir davon, als wollten wir es nicht wahr haben, auch nicht mit der Mutter, als wir heimgekehrt, so groß die Versuchung war, in gegenseitiger Aussprache das Erlebnis der Bayreuther Tage vergrößert oder verkleinert ausklingen zu lassen und gerade diesen Vorfall zu berühren. Erst als auch der Vater wieder daheim, die beruhigende Gewohnheit des Alltäglichen uns wieder zusammenschloß, fand ich den Mut, die Schuld einer Verheimlichung, deren ich mir wohl bewußt war, los zu werden.

Ich wollte es sehr vernünftig anfangen, um meine Erwachsenheit zu beweisen, hatte mir ein paar, wie ich meinte, sehr überlegen schöne Sätze ausgedacht, mit denen ich beginnen wollte. Aber als ich zur gewohnten Sonntagvormittagsstunde vor dem Vater in seinem Zimmer stand, und eine unbarmherzig helle Sommersonne mir zeigte, daß ich auf dem Flügel schlecht Staub gewischt hatte, da war all meine mühselig angesammelte Würde mit einem Mal weg, und ich brachte es nur zu einem kläglichen Gestotter, daß ich was zu sagen hätte.

Ein verwundertes: Nun was denn? brachte mich vollends um jede feierliche Wendung, ich brachte nur hervor: Daß Du, daß wir von Geburt keine Christen. – Und da kamen schon die Tränen. Der Vater zog mich auf den Stuhl neben sich, strich mir übers Haar, gab mir sein reines Taschentuch und fragte dann ohne alle Ungeduld, mir Zeit lassend zu jeder Antwort, die neue Erkenntnis aus mir heraus.

So so – da sei ihm der Zufall zuvorgekommen, habe ihn versäumen lassen, was er nicht übereilen wollte, habe ihn einen Fehler begehen lassen ...

Und dann folgte die Wohltat einer Auseinandersetzung, die sich nicht herabließ, sondern den andern zu sich emporhob.

Christen ... was wäre für die wohl wichtiger, die leibliche oder geistige Geburt? Ob ich das wohl verstehen könne? Er und mit ihm die Mutter, hätten es sich nicht leicht gemacht bis zu dieser geistigen Geburt zu gelangen, habe aus reiflicher Überlegung uns Kinder vom Unbewußten ungestört ins Bewußte hineinwachsen lassen, aus dem Bewußtsein erhebe sich bereits die Gewissensfrage der Verantwortlichkeit, und diese an uns zu stellen, sei wohl noch zu früh.

Seiner Ansicht nach stehe die konfessionell äußere Zugehörigkeit weit hinter der innerlich religiösen zurück, was ihn auch bis heute von dem offiziellen Übertritt abgehalten habe, weil ihm alles zuwider, was einem sich bemerkbar mache, einer Rechtfertigung nach außen ähnlich sähe. Für uns Kinder sei das etwas anderes, und sobald wir in der Lage, nicht bloß aus Gefühl, sondern auch aus dem Charakter heraus, bestimmte Formgebote annehmen zu wollen, werde er uns ohne weiteres gewähren lassen. Bis dahin solle ich nur immer zu ihm kommen, wenn ich was zu fragen oder zu beanstanden hätte, solle mich weder beunruhigen noch bedrängen lassen, denn die Freiheit der Entscheidung läge bei keinem anderen Menschen als bei mir.

Und nun möchte ich ihm Gabriele schicken, um auch ihr aus Zweifel und Beängstigung herauszuhelfen.

Und da stellte es sich heraus, daß Gabriele, weit naiver und unbeschwerter als ich, für keinen Aufschub der Entscheidung zu haben war. Sie wolle mit ihrer Freundin, dem Luisle, im nächsten Jahr konfirmiert werden, deren Mutter, Baronin Harsdorf, sich ihr schon als Patin angetragen.

Und sie setzte es durch, und sah bei der feierlichen Zeremonie mehr wie ein verkleideter Engel denn wie ein irdisches Wesen aus.

Es gab wohl Momente, in denen ich bereuen mochte, mich nicht ohne weiteres an ihre Seite gestellt zu haben, wenn ich sah, mit welch heiterer Genugtuung sie sich ihren neuen kirchlichen Obliegenheiten anpaßte, aber das Wort des Vaters von der Verantwortlichkeit des Gewissens hatte zu fest in mir Wurzel gefaßt, um mir und ihm nicht beweisen zu wollen, zu solcher Verantwortung auch fähig zu sein. Eine längere Entfernung von daheim gab mir Gelegenheit zur Selbstprüfung wie zur Selbstbehauptung. In ganz andere Lebenskreise verschlagen, die vermissen ließen, was uns als guter Ton anerzogen worden, nämlich gesellschaftlich weder vom Wetter noch von Religion zu reden, ließ mich peinlich empfinden die neugierige Frage: Wo gehörst Du hin? nicht mit strikter Eindeutigkeit abweisen zu können.

Und als das beginnende Augenleiden mich ins elterliche Haus zurückbrachte, war ich schon sehr nahe an der Entscheidung. Vieles fand ich bei den Meinen verändert.

Eine kleine Gruppe besonders musikalisch und stimmbegabter Freunde war an den Vater mit der Bitte herangetreten, ihre wöchentlichen Zusammenkünfte unter seiner Führung eine höhere Gemeinsamkeit im Versuch des Chorgesanges finden zu lassen. Der Versuch fiel so glücklich aus, daß der Vater sich überreden ließ, in kleinem Saal und vor ausgewähltem Publikum ihn öffentlich zu erproben. Obenan drei noch nie aufgeführte geistliche Chöre von Peter Cornelius. Der Überraschung des Eindrucks folgte die Anziehungskraft des Erfolges. München besaß keinen selbständigen Chorkörper, außer einem robust-tüchtigen Lehrergesangverein, immer leicht gefährdet durchs Absinken ins Liedertafelmäßige. Nun meldeten sich viele, die künstlerischen Anschluß suchten, sich strenger Prüfung und den Verpflichtungen des aufgestellten Studienplanes unterwarfen.

Denn dem Vater war die Verwirklichung von Wünschen und Aufgaben nähergerückt, die ihm schon lange am Herzen lagen, Aufgaben, die von der offiziellen Leitung der staatlichen Orchester und Chorinstitution vernachlässigt worden, Aufführung der großen Orchester – Chorwerke von Hector Berlioz und Franz Liszt. Warum? Weil man selbst keine Begeisterung dafür empfand, somit auch nicht hoffen durfte, solche bei einem Publikum zu erwecken, das sich in der Verehrung ihm bereits geläufig gewordener Größen gefiel. Kostspielig und gewagt, ein solches Unternehmen allein auf die privaten Schultern zu nehmen, nur zuzutrauen einem Idealisten, der von jeher den Mut besessen, der früher oder später den Widerstand der stumpfen Welt besiegt. Doch zuerst mußte der junge Chorverband erzogen und erprobt werden, um das Erstaunen der Öffentlichkeit bis zum Vertrauen und zur Mitfolge zu steigern.

Gelegenheit ergab sich auf kirchlichem Gebiet. Die protestantische Gemeinde, zahlenmäßig der katholischen Landesreligion weit unterlegen, war in den letzten Jahrzehnten doch so herangewachsen, daß die zwei ihr zur Verfügung stehenden Kirchen nicht mehr genügten, die eine, schon in der Anlage engbrüstig mißglückt, viel zu klein geworden, die andere, ein ehemaliges Feuerwehrhaus, zwar geräumiger, aber ihrer Nüchternheit und schlechter Akustik weder Würde noch Weihe abzugewinnen. Geplant der Neubau einer dritten, nicht leicht die Beschaffung der Mittel dazu. Ein starker Wille in der Person des neu ernannten Dekans trat an die Spitze der Gemeinde. Dekan Fikenscher war eine mächtige Erscheinung mit einem Martinuskopf, in ihm verbanden sich Wucht und Wehrhaftigkeit seines großen Vorbilds mit dessen Glaubenskraft und Musikliebe. Sohn und Tochter waren als Mitglieder dem neuen Chorverband beigetreten, hatten ihm von dessen Wachstum und Fortschritten berichtet.

Der Dekan trat eines Tages an den Vater mit der Bitte heran, zugunsten des geplanten Kirchenneubaus ein Kirchenkonzert zu veranstalten, für den Besuch werde er sorgen, verspreche sich viel von dem materiellen Erfolg wie von dem ideellen des künstlerischen Aufrufs zu erneuter Opferwilligkeit. Der Vater, der schon seit Wochen mit Proben für altmeisterliche Musik begonnen, konnte sogleich ein Programm vorlegen: Händel, Bach und Palästrina. Ein Vierteljahr später im überfüllten Kirchenraum erklingend, Auferstehung durch seelische Hingabe und künstlerische Beherrschung erreicht.

Der Dekan kam, um seinen und den Dank der Gemeinde auszusprechen, die gegenseitigen Besuche mehrten sich, der Weg vom freundschaftlichen Verkehr bis zur von innen aufgeschlossenen Freundschaft war nicht mehr weit.

Unverhohlene Überraschung für den Dekan, einen so eindeutig als christlich evangelisch geprägten Menschen wie den Vater gewissermaßen außerhalb der Kirchentür stehend zu finden, kräftig gemißbilligt als Lauheit, ja als Mangel an Bekennermut – dies wohl das Letzte, was man dem Vater vorwerfen konnte, und gerade damit wurde er überwunden.

Nach kurzer, von ihm selbst geleiteter Vorbereitung wurden die Eltern und ich, meiner Augen wegen im halb verdunkelten Zimmer, von ihm getauft.

Wie weit er entfernt von jeder engstirnigen Unduldsamkeit, hatte er bald darauf Gelegenheit zu beweisen.

Max Bernstein, von dem in späteren Jahren Theodor Fontane einmal aussagte, bis auf den Namen habe das Bajuvarische alles Rassische in ihm aufgesogen, bereits Anwalt von Ruf und in den jüngeren Literaturkreisen nicht mehr unbekannt, hielt um meine Hand an. Aus einer Sommerbekanntschaft mit der Dreizehnjährigen, die den doppelt so alten mehr als einen wohlwollenden Erzieher denn als Gefährten ansah, war im Laufe der Jahre durch alle Phasen der Entwicklung vom Kind bis zum jungen Mädchen hindurch Vertrautheit, Zuneigung, schließlich das Gefühl gegenseitiger Unentbehrlichkeit geworden. Die Eltern hatten alle Ursache, mit einer Verbindung zufrieden zu sein, die von seiten des Mannes für eine zeitweise mehr oder weniger Leidende soviel Rücksicht und Schonung voraussetzte.

Konfessionslos, seit die Volljährigkeit ihm das Selbstbestimmungsrecht freigegeben, bitte er, von der kirchlichen Trauung Abstand nehmen zu wollen.

Peinlich für die Eltern, in dem Moment, da der dreifache Übertritt im halb verdunkelten Zimmer doch zur Kenntnis der Öffentlichkeit gelangt und mehr oder weniger kommentiert worden war. Die Wurzel eines Konflikts schien gegeben.

Ich riet meinem Verlobten, den Dekan aufzusuchen – instinktiv hatte ich dessen Wohlwollen für mich erfühlt – und ihm seinen Standpunkt klarzulegen. Noch am Abend des gleichen Tages erschien der Dekan bei den Eltern. Der ausgezeichnete Eindruck der Persönlichkeit dieses Mannes, der mit so viel Ernst und Güte bereit sei, den Schutz meines Lebens zu übernehmen, der ohne weiteres Kinder dem Bekenntnis der Mutter zugesichert, veranlasse ihn zu dem Rat, meinem Verzicht auf kirchliche Trauung den ihrigen hinzuzufügen.

Die Wandergemeinschaft zweier Menschen, die gewillt sind, einen langen Lebensweg miteinander zurückzulegen, muß erst erweisen, ob sie wirklich befähigt, Gefährten füreinander zu werden und Schicksale, die keinem Irdischen erspart werden, eins für das andere zu bestehen und zu überwinden. Mir kam die Kraft dazu aus der allmählichen Erkenntnis, wie unlösbar verbunden in mir über alles bewußte Wollen hinaus angeborener Charakter und errungener Glaube. Nichts Ergreifenderes für mich als die Jakobsworte im Ringkampf mit dem Engel: Ich lasse Dich nicht, Du segnest mich denn! und nichts Erhabeneres als die Christusworte: Mein Reich ist nicht von dieser Welt.

In meinem Alter muß man in jedem Augenblick bereit sein, Rechenschaft abzulegen von dem Besitzstand seiner Seele. Und wenn ich heute aufgerufen werde, Zeugnis abzulegen für das, was evangelisch Christentum mir bedeutet, so kann ich nur antworten – und dabei erhob ich mich: Hier stehe ich, Gott helfe mir, ich kann nicht anders. Amen.

Der spontan ausbrechende Beifall bestürzte mich beinahe, das stark bewegte Nachwort Stargards beschämte mich.

Unten auf der Straße fiel mir Lotte um den Hals – Stargards hatten es nicht über sich gebracht, die Schweigepflicht ihr gegenüber aufrecht zu halten. So schön hätte sie sichs doch nicht erwartet! – Ich meinte, es hätte besser, aber es hätte auch schlechter sein können.

Als es im Prominentenhaus ruchbar wurde – von außen her voll Lobes zugetragen – was ich unternommen und verheimlicht hatte, war man sehr empört. Stargard drang auf eine Wiederholung. Aber das lehnte ich energisch ab. Was das erste Mal ein Sichselbsterproben war, wäre das zweite Mal ein Sich zur Schaustellen gewesen. Nichts lag mir ferner.

Vater Geissmar, den ich um sachlichen Urteils willen wohl gern dabei gehabt hätte, war krank, wenn auch schon auf dem Wege der Besserung, wie mir auf meine besorgte Anfrage wegen langen Fernbleibens launige Verslein von ihm mitgeteilt hatten.

Von Frau Geissmar, der Rabbinertochter, konnte ich mir keinen besonderen Anteil erwarten, noch weniger von Mar-

tha, die aus gereifter Überzeugung während der schon bedrohten Zeit mutig ins Judentum zurückgekehrt war.
Immer häufiger die Nachdenklichkeit, was bestimmender für den Menschen, Charakter oder Religion. Der Charakter immer ein Angeborenes, Religion immer ein Anerzogenes. So daß man sagen könnte, der Charakter schafft sich seinen Glauben, nicht der Glaube den Charakter.
Alle Religionsformen überaltern, werden schließlich verdorrte Schale, die abfällt. Der befreite Kern kann neuen Keim treiben, wenn das Erdreich der Zeit dafür fruchtbar geworden. Bleibend nur über alle Formen hinaus, alte wie neue, sich selbst immer gleich bleibend, der Geist.
Lotte und ich lesen Phaidon. Sokrates gesehen durch Platon. Das Höchste von Anschauung und Darstellung. Vollendung bis ins Einfachste macht Vergänglichstes zum Gegenwärtigsten. Vor tausend Jahren? Heute! Wie Sokrates mit den Locken seines Schülers spielt, wie der Diener ihn anweist, den Trank zu nehmen, endlich Kriton dem Toten die gebrochenen Augen und den Mund schließt. –
Und dämmert in diesem Untergang schon eine Auferstehung zu neuer Zeit und Weltwende? Tod, wo ist Dein Schrecken? Hölle, wo ist Dein Sieg?
Am Begrifflichen scheitert Lotte und überschlägt vieles. Auch ich bin ihm nicht gewachsen, müßte lange stehen bleiben, von einem Satz zum anderen klettern, um mir zu versinnlichen, warum das Gerade nie zum Ungraden, das Ungrade nie zum Geraden werden kann. Solchen Aufenthalt kann ich Lotte nicht zumuten. Es ist schon genug, was sie an Geduld für mich leistet.
Abends im Speicherstübchen liest mir die Omi eine tolle Burleske vor: Der Reklamekönig. Wirklichkeit ohne Wahrheit. Findige Gassenbubenfrechheit, gutmütig sentimental verbrämt. Macht Omi und Franzi lachen. Ich gähne. –
Gegensätze auf Schritt und Tritt, in die Enge des Prominentenhauses hineingezwängt.

Befriedet gleitet der Sommer in einen milden Herbst hinüber, abgeerntet ruhende Erde, Geruch von Reife und welkender Süßigkeit in der Luft. In der Morgensonne und Stille sitze ich gern vor der geöffneten Haustür und hänge meinen unbefriedeten Gedanken nach. Merke am Rascheln eines taftseidenen Unterkleides und am Duft eines feinen französischen Parfüms, daß die zweite Hausblinde, Gräfin Seyssel, die nicht allein die Treppe zu gehen wagt, herunter geführt wird. Sie läßt sich mir zur Seite setzen, möchte mit mir mal zu zweit sein, sich aussprechen, was droben im Hirschpark nicht möglich, wo man immer zu dritt oder gar zu viert oder gar zu fünft ist.
Von Dr. Simon habe ich erfahren, daß die Gräfin – seine Familie stammt aus der gleichen Stadt – in Stolp im Pommerland beheimatet ist, Tochter des angesehenen Bankhauses Freundlich. Von der Gräfin erfahre ich Geschick und Schicksal ihres Lebens.
Bei einem Verwandtenbesuch in München erste Begegnung mit dem Grafen Seyssel d'Aix.. Alter französischer Adel, der seinen Stammbaum bis zu Maria von Medici hinauf verzweigt. Als Hugenotten verfolgt und zur Auswanderung gezwungen, gewinnen sie in deutschem Heeresdienst das gleiche Ansehen wie einst im französischen. Erwerben im Zeitalter der Klassiker neue Kräfte, ohne die alten zu verlieren. Die wohl zusammenzufassen in dem schönen altfranzösischen Ritterspruch:
„*A Dieu mon ame, La vie au roi*
Le corps au Dame, L'honneur pour moi."
Aber mit der Dame hatte der Graf in seiner ersten Ehe kein Glück gehabt. Als gereifter Mann mit einer sehr viel jüngeren Standesgenossin verheiratet – die Anziehungskraft hatte vielleicht gerade in diesem Unterschied gelegen – mußte er bald erkennen, daß sie ebenso oberflächlich als hübsch, ebenso selbstsüchtig als lebenslustig war. Der Mitteilung, daß sie ein Kind zu erwarten habe, das Bedauern hinzugefügt, sie werde nun für eine ganze Weile ihre gute Figur ver-

lieren. Die Ehe zerbrach nach wenigen Jahren, das Kind, ein Knabe, wurde ihm belassen. Der Graf brachte den Vierjährigen öfter mit, und in der Freude über das Kind fanden und erkannten sich die beiden. Sie über die erste Jugend hinaus, er einer zweiten fähig. Und als nach dem Abstand einiger Jahre ein Töchterchen erschien, erreichte das stille, nach innen gekehrte Glück der kleinen Familie seine Höhe. Gefährdet durch die Augenerkrankung der Gräfin, beginnende Netzhautablösung. Der Graf, der schon des längeren den Waffenrock ausgezogen hatte, widmete sich ihr ganz, las ihr vor. Ihr an Bildung weit überlegen, humanistisch gründlich erzogen, bevorzugte er Werke wie den Goethe-Schillerschen Briefwechsel. In das breite Goldband ihres Eheringes hatte er „Ktema es aei" eingravieren lassen. „Besitz für immer."

Viel Besitz sollte einem genommen werden. Das zwanzigste Jahrhundert nach vierzigjährigem Frieden jäh aufgeschreckt durch den Kanonendonner des Ersten Weltkrieges. Der heranwachsende Sohn, traditionsgemäß in der Pagerie zum Offizier erzogen, noch zu jung, um sofort in den aktiven Heeresdienst einzutreten. La vie au roi – sollte für ihn keine Geltung mehr bekommen. Deutschlands Niederlage, der Zusammenbruch der Monarchie erschütterten den Vater, den throngetreuen Aristokraten aufs Tiefste.

Doch aus persönlicher Gerechtigkeit wie aus politischer Einsicht fühlte er sich verpflichtet, den maßvoll und selbstlos mutigen Führern dieser unter schlimmen Vorzeichen revolutionsgeborenen Republik gegen Spartakisten und Kommunisten beizustehen. Er gab dem Sattlermeister Ebert seine Stimme, achtete auch da, wo er der jungen Demokratie nicht volle Gefolgschaft zu leisten vermochte.

Ganz anders seine Abkehr von der plötzlich aufschießenden Hitlerpsychose, Demagogie, die mit Vehemenz zu betäuben suchte, wo sie nicht sachlich beweisen, überzeugen konnte. Propaganda, die sich nicht blödete jede Wahrheit Lügen zu strafen, die sich ihr in den Weg stellte. Angewidert und empört über die arische Selbstverherrlichung, die sich bis zur

Rassenfeindschaft entwürdigte, zog er es vor, die Hauptstadt der Bewegung mit ihren immer lauter werdenden Kundgebungen zu verlassen, um sich auf einen kleinen alten Familienbesitz in der Nähe von Augsburg zurückzuziehen. Noch hoffte er auf den schließlich ausschlaggebenden Widerstand der Armee, und was der Sohn ihm von der Stimmung im Heer sowohl nach unten wie nach oben zu berichten hatte, war nicht ungünstig. Da riß das Hindenburgs Greisenschwachheit abgerungene Ermächtigungsgesetz für Hitler die Maske vom Gesicht des Nationalsozialismus: Terror. Der Graf überlebte es nicht lange.

Und nun begannen für die Gräfin und ihre Tochter die Bedrängnisse. Beschlagnahmt der Oberstock des kleinen Barockschlößchens für die Parteiverwaltung, ihnen belassen nur das Parterre. Die Komtesse, ebenso gute als passionierte Reiterin, mußte aus der Offiziersvereinigung, in die sie bisher zu allen sportlichen und gesellschaftlichen Festlichkeiten geladen, ausscheiden. Mußte ihr eigenes Pferd aufgeben und ihre ausgesprochene Tierliebe auf einen großen Bernhardiner und einen schönen Angorakater beschränken, die sie zu gegenseitiger Verträglichkeit erzogen hatte. Von Natur verschlossen und herbe, äußerte sie keine Klage, teilte sich mit der bereits dreißig Jahre im Dienst der Familie stehenden Dienerin die Arbeit und nahm sich, gelenkt von dem ihr sehr zugetanen Pastor, aller Bedürftigen und Leidenden ihrer engeren Umgebung an. Von Jahr zu Jahr wachsend die raffiniert ausgedachten Quälereien und Erniedrigungen bis zur letzten – dem Transport.

Die Tochter wollte mit der Mutter aus dem Leben gehen oder sie in dem Transport begleiten. Die Mutter lehnte ab: Du bist jung, Du wirst noch bessere Tage sehen. Und vielleicht kannst du mir mehr nützen, wenn Du hier bleibst, als wenn Du mit mir gehst. Der Abschied wortlos, stumme Verzweiflung. Wange an Wange, die der Tochter eiskalt von strömenden Tränen.

In der Transportgemeinschaft eine weitläufig bekannte Augsburger Geschäftsfrau, leistete der Blinden die notwendigste Hilfe. Erste Unterbringung in Theresienstadt auf dem Boden eines ehemaligen Kinos. Verlust des Ringes. Ob er ihr von dem abgemagerten Finger gefallen, ob er ihr in der Nacht abzogen worden – sie wußte es nicht. Aber nach drei Tagen wurde sie – auf ein Telegramm des Sohnes hin, wurde behauptet – ins Prominentenhaus gebracht.

So ungefähr, nach überdenkender Zusammenfassung, stellte sich mir das Bild der geborenen Freundlich dar, die zur Gräfin erhoben, ihren angestammten Wert dafür vor dem Schicksal bewies.

Ganz anders die Erscheinung einer Frau, die sozial nur auf sehr bescheidener Stufe, individuell auf einer gar nicht zu überhöhenden stand.

Die Putzkolonne funktionierte nicht mehr recht, viele vom Transport verschlungen, manche als Päckchenempfänger unlustig geworden zu der ungewohnten Arbeit. Frau von Peci hatte viel Ärger und Lauferei, immer wieder eine Einzelhilfe aufzutreiben. Nachdem mehrere versagt hatten, stellte sie eines Tages eine Frau Schabla vor, die für uns und einige andere Zimmer täglich kommen sollte. Schabla – ein beinah wendisch klingender Name oder noch östlicher. Ich hatte den Eindruck einer sehr stillen, aber fleißig und gewissenhaft arbeitenden Person. Als wir mal allein waren fragte ich sie, wo sie herkomme. – Aus Hamburg. –

Oh! Mein Interesse war erwacht. Ich fragte weiter. Die Antwort eintönige Wiederholung des nach außen immer gleichen, nur nach innen unterschiedenen Schicksals.

Der arische Mann, jahrelang als Wärter im Eppendorfer Krankenhaus bedienstet, vor einigen Monaten gestorben. Sie mit zwei halbwüchsigen Töchtern, vierzehn- und sechzehnjährig, in den Transport befohlen. Der bedeutend ältere Sohn als Matrose unbehelligt, meldete sich zu freiwilliger Begleitung, wollte Mutter und Schwestern nicht im Stich lassen. Technisch sehr anstellig hatte er sogleich guten Verdienst bei einem Installateur gefunden, die beiden Mädchen arbeiteten in einer Nähstube, die Mutter wollte durch ihre Arbeitsleistung auch etwas zur Verbesserung der Ernährung beitragen. Sie hoffe nur zu genügen, ein Frauenleiden erschwere ihr das Wegrücken der Koffer, um auch unter den Betten richtig zu fegen und zu scheuern, was scheinbar des längeren nicht mehr geschehen sei. Unter dem meinen fand sich ein Nickeldöschen, das ich sogleich, da sie es mir in die Hand gab, als Gabrielens erkannte. Inhalt – der Rest einer Sardinendose, wahrscheinlich längst vertrocknet und unbrauchbar geworden.

Ob sie das Döschen nicht reinigen solle, für Salz oder Zukker sei es gut zu verwenden. – Gewiß, gewiß. – Ich höre sie vorsichtig ausklopfen, höre einen Ausruf der Überraschung. – Was ist? frage ich. – Was sie gefunden habe! – Und sie gibt mir drei eng und fest zusammengefaltete Papierchen in die Hand, eines nach dem anderen, Geldscheine sind es, ein jeder fünfzig Mark.

Gabriele! Sorgt für mich über den Tod hinaus – vermittelt durch Frau Schabla. Sie weiß, daß ich blind, ahnungslos, niemals das Geringste bemerkt hätte, wenn sie die Scheine stillschweigend in die Tasche geschoben. Und sie hungert, wie alle in Theresienstadt hungern, ihre Kinder hungern, und trotzdem ...

Nachdem es Franzi gelungen, mir durch einen Kartoffeleinkauf den ersten Fünfziger zu wechseln, drücke ich Frau Schabla sofort einen Zehner in die Hand. Und von jedem Fünfziger war ihr das gleiche zugedacht. Aber es kam nicht mehr dazu. Sie blieb eines Tages weg. Operiert, lautete die kurze Auskunft der Perci. Und nach einer Woche: Gestorben.

Das war Frau Schabla, deren wendisch klingender Name, von ihr vertreten, sich geruhig dem der Seyssel d'Aix anreihen konnte. Ihr Andenken für mich – Ktema es aei.

Die Blätter fallen, die Stimmung fällt. Zweiter Geburtstag in Theresienstadt, von der nächsten Umgebung freundlich bedacht und mitgemacht – von mir nur traurig. Die Hexe der Dauer hockt einem auf dem Rücken und läßt sich nicht abschütteln.

Novembernebel. Die Sonnenlampe erst spät des Morgens angezündet, früh am Abend verlöscht. Bekanntgegeben für den elften November eine Volkszählung in Theresienstadt. Wozu und auf welche Weise? Einfachst gegebenes, von jedem Hausältesten, jedem Barackenleiter, jedem Krankenhaus am Stichtag die Listen der augenblicklichen Bewohner einzufordern. So hatte es der Ältestenrat vorgeschlagen, aber die SS-Leitung anders entschieden. Die ganze Einwohnerschaft frühmorgens kolonnenweise gesammelt und hinausgeführt in die große Talmulde vor dem Bauschowitzer Tor. Dort sollte dann gezählt werden. Ernst oder Scherz?! Der Ernst!

Im Sechsuhrdunkel werden wir herausgetrommelt. Jeder solle sich ein Stück Brot mitnehmen, denn ob man zu Mittag schon wieder zurück sein werde ...

Frau Beck ist schon hinaus. Professor Schleissner wird von der chemischen Jugendfreundin abgeholt. Ich höre nicht, daß er Fräulein Gorter auffordert, sich ihnen anzuschließen. Mich holt Schwester Stargard, sehr ungehalten, daß Professor Blum mich alters- und blindheitswegen nicht von diesem Auszug aus Ägypten befreit habe. Er ist bestürzt: Die Gräfin habe erklärt, lieber mit ihren Leuten gehen zu wollen, als in dem leeren Haus allein zurückzubleiben, und so habe er gedacht ...

Draußen auf der Straße die Aufstellung, immer fünf in einer Reihe, in der meinen Frau Wassermann, und immer zehn Reihen hintereinander, Marschkommando, nach hundert oder mehr Schritten wieder: Stillgestanden – den Anschluß einer neuen Kolonne abzuwarten. Dauert oft ziemlich, man hat das Gefühl, gar nicht vorwärts zu kommen, das Stehen weit ermüdender als das Gehen. Der erste Unfall: ein älterer Herr zusammengebrochen, ohnmächtig. Aus dem nächsten

Krankenhaus, der Jägerkaserne, werden Träger mit Bahre geholt, ihn hinzubringen, zu transportieren.

Frau Stargard ergreift mich an einem, Professor Blum Frau Wassermann am anderen Arm: Schnell, schnell, Ohnmacht simulieren, wir bringen Sie mit hinein.

Es gelingt. Der Torwart notiert unsere Namen und Zuständigkeit im Prominentenhaus, übergibt uns einer Schwester, die befördert uns zwei Treppen hoch in einen Krankensaal für Leicht-Patienten. Zweideutige Luft, Lärm und Enge, gerade soviel Raum, um zwischen den Betten hindurch zu können. Keine Sitzgelegenheit. Frau Wassermann und ich müssen auf der runden Eisenstange eines Bettes Platz nehmen, weder zu unserer, noch zur Freude seiner Inhaberin. Der Lärm aus einer bestimmten Ecke rührt von einer Anzahl von Kindern her, die ausgelassen vergnügt sich mit Kissen bewerfen, von den Schwestern beständig zurecht gewiesen und beständig weiter spektakelnd.

Wir sitzen stumm nebeneinander, Frau Wassermann und ich. Auch wenn die Situation es erlaubte, hätte keiner zu reden Lust. Genug, sich gegen die fühlbare Feindseligkeit der Eisenstange zu behaupten, sich nicht in die quirlende Unruhe der Geräusche ringsum mit hineinziehen zu lassen. Arme Omi, sage ich halblaut zu ihr hinüber. Arme Frau Elsa, gibt sie mir zurück.

Mit dem Gefühl leider hier, mit den Gedanken draußen vor dem Bauschowitzer Tor. Der Tag scheint glücklicherweise mild, kein Wind und kein Regen, und einmal wird auch der zu Ende gehen. – – – Stunden – – – Ich versuche es mit der höheren Geistigkeit der Relativitätstheorie, aber die theoretische Erkenntnis hält vor dem praktischen Erlebnis nicht Stand, und ich greife zu dem alten Hausmittel der Geduld. Wann erfunden in der alltäglichen und unerklärlichen Heilkunde des Daseins? Aus keiner elementaren Gesetzlichkeit abzuleiten und doch ihr überlegen – mächtige Lautlosigkeit ...

Es ist Mittag geworden. Die Schwestern bringen die Suppe für die Kranken. Wir bekommen nichts. Nagen an unserem Brot. Die Schwester bringt jedem von uns eine Tasse Tee. Gebrühtes Heu. Ungenießbar. Ich frage die Schwester, ob auf der Straße noch nichts von Heimkehrenden zu bemerken sei: Nein. Ganz Theresienstadt wie ausgestorben. – Nach Tisch Ruhe. Den Kindern Entzug des Marmeladeaufstrichs angedroht, wenn sie stören.

Stille. Und immer fühlbarer die Unbequemlichkeit der Eisenstange für das Kreuz und den Luther genannten allerehrlichsten Körperteil – bis zur Unerträglichkeit multipliziert.

Frau Wassermann hält sich mit einer Hand an der vertikalen Bettstange, rückt ein wenig hin und her, von der Bettinhaberin mit mißbilligendem Laut sofort abgelehnt. Ich versuche zu schweben, scheint aber, ich habe dafür noch immer zuviel irdisches Gewicht.

Die Tür wird aufgerissen: Zählung! Ein paar SS mit dem brutalen Herrschertritt. gehen von Bett zu Bett und notieren Namen, auch die unseren. Verschwinden wieder, die Tür hinter sich zuschlagend.

Nach ihnen zwei Ärzte zur Visite. Doch nur für einige Patientinnen, wird heute alles kurz abgemacht. Dann die Verhandlungen mit der Schwester, Anweisungen, zuletzt meine ich, etwas von Bauschowitz gehört zu haben. Wag es, nachdem sie fort und die Schwester gerade an mir vorbeikommt, zu fragen: Kommen sie endlich?

Kinder und Greise dürfen um sechs Uhr heimgehen, alle anderen müssen die ganze Nacht draußen bleiben. Der Ältestenrat soll zwar bei Herrn Rahm vorstellig geworden sein, aber man weiß ja.

Faustschlag ins Gesicht! Die ganze Novembernacht im Freien! Frau Wassermann hat nicht verstanden, will wissen, was sie gesagt habe. Ich antworte nur, daß man noch nichts Bestimmtes wisse über die Rückkehr der Bauschowitzer.

Wozu soll ich auch ihr noch die Angst aufladen. Sie liegt mir schon schwer genug auf der Brust.
Die kurze Dämmerung beeilt sich zu langer Nacht zu werden. Schwache Birnen haben nur geringe Leuchtkraft. In schattenhaft graue Unterwelt die Wirklichkeit hineingescheucht. Die Kinder sind nicht mehr laut, aber weinerlich und zanksüchtig. Übermüdung, die sich durch Entspannung nicht erleichtert, Schlafbedürfnis, das nicht zum Schlaf gelangen kann, wird zur Nervenqual. Frau Wassermann beginnt Böses zu ahnen. Es ist ja schon dunkel – wie sollen die in der Finsternis heimfinden?
Abendliche Essensverteilung. Wir haben kein Brot mehr, um so mehr Hunger, den nicht einmal die zur Aufregung sich entwickelnde Angst betäuben kann. Und Aufregung, die man beherrschen, in sich hineinwürgen muß – ...
Es mag sieben, es mag acht, es mag neun Uhr geworden sein – in den Schläfen hämmert es – da wird die Tür aufgerissen, jemand ruft herein: Sie kommen, sie kommen!
Und wider alle Vernunft wirft die aufschießende Ungeduld alle mühselig bewahrte Gefaßtheit über den Haufen und verlängert die letzte Stunde – denn so lange dauert es noch – ins Endlose.
Endlich hereinstürmend Franzi und Schwester Margot, für uns abgesandt. So schnell es Frau Wassermanns Fußwerk und meine Blindheit gestatten, die Treppen hinunter, nur hinaus!
Draußen stockdunkel, Gedränge, Geschrei, Geschimpfe, jammernde Namensrufe, die ganze Verwirrung einer hilflos sich selbst überlassenen Masse, verirrt in die gleichförmige Charakterlosigkeit der Längs- und Querstraßen, gefährlich gestaut, um noch gefährlicher auseinandergerissen zu werden – nur Franzis Ortskenntnis und rücksichtsloser Entschlossenheit zu verdanken, daß wir in dem glücklicherweise nicht allzu entfernten Prominentenhaus anlangen. Nicht Rede, noch Gegenrede, alles weitere auf morgen, gute Nacht!

Noch niemand in meinem Zimmer. Ich hole mir zunächst etwas Gutes aus meinem Päckchen-Vorrat, schlinge es aber mehr in meinen Hunger hinein, als daß ich es mit Genuß verzehre, auch getrieben davon, möglichst rasch aus den Kleidern und ins Bett zu kommen, ehe die andern eintreffen. Die nächsten sind Professor Schleissner und Fräulein Gorter. Er von immer gleicher Ruhe, sie anscheinend sehr verstimmt. Trotzdem richtet sie ihm noch ein paar Brote, da kein Feuer, nichts Warmes möglich. Fehlt nur noch Frau Beck, und es geht schon auf elf. Professor Blum hat schon zweimal besorgt hereingefragt, außer ihr seien alle zu Haus. Er wagt nicht die Türe zu sperren und sich niederzulegen – doch da kommt sie. Berichtet kurz mit der kühlen Überlegenheit, die für den andern immer was Beschämendes hat, sie sei mit ihren Freunden bis zuletzt zurückgeblieben, gerade noch vor Torschluß herein, da wäre dann auch das Schlimmste vorüber, und der Unvernunft der Menschen mit einigen Püffen beizukommen gewesen.

Ich frage schüchtern, ob sie von Geissmars und Frau Pariser etwas wisse. – Im Tal habe sie alle noch beieinander gesehen, doch in der Dunkelheit sie aus den Augen verloren. Schlechte Regie, das Ganze, schloß sie gähnend und drehte das Licht aus.

Schlechte Regie – das bestätigte jede weitere Mitteilung. Ob entrüstet oder angewidert oder noch spottfähig – einstimmiges Urteil, wie überflüssig und verfehlt diese mit Pomp in Szene gesetzte Volkszählung. Meine Hauptberichterstatter Vater Geissmar und Lotte.

Seine Beamtenerfahrung hatte den Mißerfolg dieses dilettantisch aufgezogenen Unternehmens vorausgesehen. Statt Fehlerquellen zu vermindern, waren sie nur vermehrt worden. Nachprüfung der im Tal wieder in Kolonnen aufgestellten Menge ergab jedesmal Unstimmigkeiten. Kinder im Leiterwägelchen waren übersehen, einzelne Kolonnen doppelt gezählt worden, die Zählenden, schließlich ungeduldiger als die Gezählten, gaben es auf.

Begünstigt durch die milde Witterung hatte die Mehrzahl des „Volkes" die Laune nicht verloren. Viele hatten Bänkchen mitgebracht, die von den Gutherzigen mal verliehen, von den Geschäftstüchtigen für ein Stück Brot auf eine halbe Stunde verliehen wurden. Schlimm wurde es erst mit einbrechender Dunkelheit und dem Gerücht des Übernachtens im Freien. Daß bei der endlich gestatteten, planlos sich selbst überlassenen Rückkehr in die Finsternis der Stadt nicht mehr Unglück geschehen – Beulen und Quetschungen seien noch nicht als solches zu rechnen – danke man gnädigem Zufall.

Lotte ist der Meinung, der Aufenthalt im Freien habe ihr geholfen, das Abenteuer zu überstehen. Im geschlossenen Raum wäre ihr sicher schlecht geworden. Und als Vater Geissmar gegangen, vertraut sie mir sogar unter diesen Umständen nicht unterdrückte Witze an: Hoffmanns Gerzählungen oder – der Freischiß.

O Mensch, der sich mit einem billigen Lachen über bitteren Ernst hinwegzubringen vermag ...

Und wir sollen nicht zur Ruhe kommen. Die lang angedrohte Separierung von männlich und weiblich soll in der Vorbildlichkeit des Prominentenhauses durchgeführt werden. Nur Familienzugehörige beiderlei Geschlechts dürfen den gleichen Raum bewohnen.

Gewiß, daß der „Harem" aufgelöst wird, der Professor hinüberzieht ins Dreimäderlhaus. Also für Fräulein Gorters Fürsorge immer noch erreichbar. Vorausgesetzt, daß wir Damen das schöne Zimmer behalten dürfen. Vorläufig werden wir nur geängstigt mit geheimnisvoll geplanten Neuordnungen, zunächst wieder eine Delogierung für drei Tage und Nächte ins Grand Hotel von Theresienstadt. Grand Hotel! Ausgetretene Steinböden, muffige, düstere Korridore, das ganze Prominentenhaus zusammengedrängt in einen großen Saal, Matratze an Matratze nebeneinander, die Herren auf der einen, die Damen auf der andern Seite, keine Waschgelegenheit. Die ganze Stallmisere taucht wieder vor einem auf, verkürzt, und das läßt einen aushalten. Erschreckend die am zweiten Tag von Baron Karl gebrachte Nachricht: Wir werden nicht nach Nummer zehn zurückkehren, sollen in ein Zimmer im ersten Stock, gleich neben dem Hirschpark. Und müssen noch froh sein, denn einige der Prominentler werden in einem nächstgelegenen Haus untergebracht werden, in guten Zimmern, aber doch ein anderes Haus.

Das neue Zimmer, halb so groß wie unser ehemaliges. Dafür Zuwachs einer vierten Person – Baronin Waldenfels von nebenan. Warum? Als Fünfte drüben trotz Familienzugehörigkeit zuviel. Die Gräfin stellte als Blinde wohl ein Neutrum dar, über das die Raumwirtschaft wohl ein Auge zudrücken konnte.

Jedenfalls was als Verteilung arithmetisch richtig, stimmt geometrisch ganz und gar nicht. In der Geräumigkeit des Hirschparks hatten fünf Personen weit mehr Platz als vier in unserem halb so großen Gelaß. Die Betten an der Fensterwand haben Waldenfels und Gorter beschlagnahmt. Links die Innenwand entlang, noch immer leidlich, Frau Beck.

Ich auf der anderen Seite, mit den Füßen beinahe zur Tür hinaus, da diese ganz ins Eck gerückt. Sehr unbequem und sehr ungemütlich. Die Feury kann sich auch nicht der Äußerung enthalten: Die arme Frau Geheimrat hat wirklich den allerschlechtesten Platz. Verlust meines hochwandigen Bettes – nur mehr Couches gestattet – Verlust der Ungesehenheit unter dem Schutz meines braven alten Regenschirms bei der gründlichen Morgensäuberung. Lotte, die als erste meine neue Ubication besichtigen kommt und der ich mein Leid darüber klage, lacht mich aus. Im Mädchenpensionat! Sie würde sich nicht im geringsten genieren. Und Frau Beck, die herübergehorcht, verweist mirs: sie wären doch keine neugierigen Kinder!

Nein, Kinder gewiß nicht – aber neugierig – und weil sie meinen, die Blinde merke die Beobachtung nicht – erstens spür ich es, und zweitens verrät es mir die eine oder andere unvorsichtige Bemerkung ihrerseits.

Und wie die leibliche, so ist auch die geistige Intimität verloren gegangen. Unten konnte jeder Besucher seinen Stuhl in das schmale Gäßchen zwischen Bett und Fenster zu mir rücken. Ich saß auf dem Bett. Gedämpfte Unterhaltung und halblautes Vorlesen ungestört und niemand anderen störend. Hier ständig auf dem Präsentierteller, genötigt, Rücksicht zu nehmen, ohne daß Rücksicht auf einen genommen wird.

An dem schönen großen Fenster ein schöner großer Tisch. Selbstverständlich auch mir ein Platz zugebilligt, aber ich mache keinen Gebrauch davon. Eine Person an jeder Schmalseite, eine an der Breitseite. Die andere ist dem Fenster angeschlossen – sehr bequem für jede.

Waldenfels und Gorter schneidern und bügeln des Vormittags auf der anziehend glatten Ahornplatte. Beide sehr geschickt darin und eifrig bemüht, ihren Ruf als besonders gut angezogen und sogar Elegante aufrecht zu halten. Nichts gegen ihre Tätigkeit einzuwenden. Für die Nachmittage eine ganz andere Bedrohung. Der Bridge soll aus dem Hirschpark zu uns übersiedelt werden. Die Nicht-Bridgler drüben beklagen sich sehr, in ihrem Eigenleben gestört zu sein. Und hier der große Tisch ist wie geschaffen für die Spielfreudigen.

Lotte und ich halten uns möglichst im Hintergrund, aber schon der erste Versuch beweist die vollkommene Unverträglichkeit von Vorlesen und Kartenspielen. Wir sind denen zu laut, sie sind uns zu laut. Und das soll jeden Nachmittag vor sich gehen?

Lotte und Franzi verhandeln in meinem Namen mit Frau Beck. Es sei doch eine Zumutung, der Blinden das geistige Bedürfnis so zu verkümmern. Frau Beck bricht in Tränen aus. Und ihr Bedürfnis nach Zerstreuung, Ablenkung in dieser elenden Existenz?

Schließlich kommt es zu einem Kompromiß, drei Nachmittage die Woche für mich, drei für den Bridge, nachdem Baron Karl für ihn noch einen im Hirschpark herausgeschlagen hat.

Der graue November soll nicht ohne Aufregung zu Ende gehn. Eben hat sich zur erwünschten Nachtischruhe ein jedes auf seine Couch hingestreckt, als nach hastigem Klopfen Professor Blum zur Tür hereinruft: Inspektion! Rahm selbst! Schon im Nebenhaus!

Auffahren, Wegräumen, Verstecken von irgend Stehengebliebenem, Teppich übern Tisch, die Vase mit den Papierblumen darauf. Frau Beck arrangiert Gruppenbild um ihn herum. Im Parterre bereits Gepolter und schimpfende Rufe. Türenschlagen. Lang scheint sich ja der Herr nirgends aufzuhalten. Wir hören ihn nebenan. Jetzt!

Ohne anzuklopfen die Tür aufgerissen, nach Sekundenumschau eine brutale Stimme: Vier Klamotten. Zu viele! Eine raus! Drecknest! Und zugeschlagen.

Wir sind empört. Unser mühselig gepflegtes Zimmer, von dem Innenarchitekten der Raumwirtschaft – denn so was gibt es! – mit Couches und verschossenen Teppichen und alten, weiß Gott woher geholten Ölbildern, auf französisches Boudoir hin frisiert – ein Drecknest!

Und wer wird herausmüssen?!

Zunächst aus dem Haus Professor Blum. Rahm hat ein Papierschnitzel auf der Treppe gefunden, das Geländer zeigte Fingerspuren, hat daraufhin den Professor angeschrien, zu Boden geworfen, beschimpft. Der Ältestenrat, um Blum vor schlimmeren Maßnahmen zu schützen, hat ihn schleunigst aus dem Prominentenhaus entfernt, ihm einen bescheideneren Posten gegeben. An seine Stelle gesetzt einen czechischen Ingenieur, von Frau von Peci vorgestellt, wirkt er glatt und kalt wie Porzellan. Allen tut es leid um Professor Blum, der ein gebildeter und wohlwollender Mann war.

Nach ein paar Tagen verlautet, daß Fräulein Gorter aus unserm Zimmer auszuscheiden hat. Sie ist außer sich. Und wenn auch nur einige Schritte weiter ins Nebenhaus – Sorge und Aufsicht über den Professor, von ihr eine Treppe herab immerhin noch möglich, sind ihr damit genommen. Sie ist außer sich, daß niemand ein gutes Wort für sie eingelegt, sie merke wohl, niemandem sei es leid, daß sie gehe. Ich tröste sie, kann ihr aufrichtig sagen, mir wäre es leid, und ich würde immer voll Dankbarkeit ihrer Geschicklichkeit und Hilfe gedenken. – Ja, und gerade gegen Sie bin ich lange nicht gut genug gewesen, sagt sie.

Was meint sie damit? Mit dieser plötzlichen Selbstanklage? Ich sollte es bald erfahren.

Der neue Hausälteste hatte angeordnet, unter dem Vorsitz seines Adlatus, Frau von Peci, sollten die Damen sich untereinander einigen, wer auszuscheiden habe. Die Waldenfels kam gar nicht in Frage, aufs engste verbunden mit ihrer Familie nebenan. Frau Beck erklärte, schon um ihres Amtes als Menagemeisterin willen müsse sie im Haus verbleiben. Da schlug Fräulein Gorter vor, mich auszubooten. Aber dem widersetzten sich aufs energischste Peci und Beck, und die Waldenfels schloß sich ihnen an. Unmöglich, die Blinde aus den ihr vertrauten Räumen und Gewohnheiten zu entfernen, aus der Betreuung der Feury und dem leicht erreichbaren Umgang mit ihren nächsten Freunden im Haus. Und folglich müßte sich Fräulein Gorter entschließen.

Ich hatte alle Ursache, den vier Damen verbunden zu sein, konnte es aber nicht fertig bringen, böse zu sein auf Fräulein Gorter. Weil ich überzeugt bin, daß sie im Grunde ein rechtlich denkender und guter Mensch, nur momentan etwas getrübt durch dies: Wenn ich dich liebe, was geht's dich an?

Die Neuordnung des Zimmers ist für mich von ausgesprochenem Vorteil. Frau Beck hat sogleich Fräulein Gorters Couch im Fenstereck beschlagnahmt, dafür bekomme ich die ihre. Ich bin wirklich im Zimmer drin, nicht mehr beinahe zur Türe draußen. Nicht zu verachten das eiserne

Öfchen am Fußende der Couch. Wird mir bei zunehmender Winterkälte sehr wohl tun.

Und so ergebe ich mich guten Humors in mancherlei Unbequemlichkeiten, die von dem regierenden Oberhaus der Waldenfels und Beck über mich verhängt werden.

Unten hatte ich meinen eigenen Schrank. Hier im Zimmer sind zwei, einer zum Hängen, einer zum Legen, in denen die beiden Damen sich einrichten. Für mich hat Baron Karl in der Türfüllung, neben der ich bisher gelegen, einen Kleiderrechen angebracht.

Meine ganze Gewandhabe, immer zwei bis drei Stück übereinander an einem Haken. Drunten auf dem Boden das Schuhzeug und die abgenutzten Boots. In eine Ecke gelehnt mein trauriger Regenschirm und mein treuer Stock. All das schamhaft zugedeckt von einem alten Vorhang, der jedesmal von einer Seite abgemacht werden muß, um etwas hervorzuholen. Um dann wieder aufs sorgfältigste vorgezogen und glatt gestrichen zu werden, um einer Beanstandung der in solchen Dingen sehr peniblen Baronin zu entgehen, erschwert durch einen neuerdings davorgestellten kleinen Tisch, der morgens das Waschbecken der Baronin zu tragen hat, das untertags wieder unter ihrer Couch verschwindet.

Unerfreuliches Nebeneinander von Wäsche und Brot, von Kartons mit Kartoffeln und kleinem Päckchenvorrat, das manchmal, nur von den Fingern kontrolliert, in offene Feindschaft ausartet. Gewiß, gegen die Nöte der ehemaligen Stallexistenz ein Geringes. Aber auch ein gering Verletztes, das immer wieder gereizt, immer wieder aufgerieben wird, kann empfindlich quälen.

Es gilt immer wieder, sich gegen die eigenen Nerven zu behaupten, von sich selbst zu verlangen, was man von den andern nicht verlangen darf: Geduld.

Dazu Dezemberdunkelheit und schlechtes Wetter, es gibt Tage, an denen ich meine Mittagsstunde im Freien muß ausfallen lassen. Die Nacht zehrt das matte Licht schon um vier Uhr nachmittags hinweg, dazu als Strafmaßnahme häufige Lichtsperre fürs ganze Ghetto, wenn sich einer oder mehrere unglücklich etwas haben zuschulden kommen lassen.

Sumpf des Trübsinns, in den man zu versinken droht. Aus dem Wirklichen hinweg sehnt man sich nach einem Wunder. Und es kommt, nüchtern, alltäglich angetan, in Gestalt eines Beamten von der Blindenbetreuung, der es gelungen ist, eine kleine Blindenbücherei einzurichten, ob ich davon Gebrauch machen wolle.

Ja, antworte ich eifrig, um mir gleich nachher meiner Übereilung bewußt zu werden. Denn was von der lang zurückliegend, dürftig erworbenen Kenntnis der Punktschrift noch übrig geblieben, nie gründlich geübt, weil die Anzahl zur Verfügung stehender Vorleser den mühseligen Erwerb dieser Fingertechnik überflüssig machte ... – So gut wie nichts, sollte sich bald herausstellen, da mir als erstes Blindenbuch der Westöstliche Diwan zugeschickt wurde.

Bis auf das Alphabet hatte ich alles verlernt. Die Versetzungszeichen, die hundertfachen Kürzungen, deren Prinzip mir völlig abhanden gekommen – ratlos stand ich dieser Verwirrung, die denselben Punkt, ob ein Millimeter höher oder tiefer, in seiner Bedeutung völlig verändert, gegenüber. Ich hatte Augenblicke, in denen ich meinte, das Unternehmen aufgeben zu müssen. Aber zu solcher Niederlage vor mir selber mochte ich mich nicht demütigen.

Aus dem verschütteten Gedächtnis gräbt die Hartnäckigkeit Wurzel auf Wurzel der verbindenden Folgerichtigkeiten hervor, gelangt von dem stückweise kläglichen Erraten zur fortlaufend begriffenen Regel. Und wo der Wille erlahmen möchte, rüttelt ihn die Bewunderung immer wieder auf für den Erfinder eines Systems, das aus sechs Punkten das ganze Alphabet, Interpunktion und Zahlen in unzähligen Kombinationen entwickelt. Werk eines blinden Franzosen, dem Ratio und Passion seiner Rasse in gleicher Weise zur Seite standen, hinter ihm das erste soziale Mitleid einer Zeit, die bis dahin den Blinden nur als Bettler, unterwertig in jeder

Beziehung, vernachlässigt hatte. Verkörpert in einem Manne, der eines Tages vom Blitz der Empörung getroffen wurde, als er in einer Wirtschaft vier Blinde, lächerlich herausstaffiert, mit Kindertrompeten und Trommeln zum Gaudium und Sport des Publikums eine jämmerliche Musik vollführend, antraf.

Verhöhntes Unglück! Gegen das der Mut eines einzelnen sich erhob, sich zunächst mit bescheidensten Mitteln und auf eigene Faust einiger Blinden annahm und sich nicht getäuscht sah in der Erwartung, wie vieles an diesen Benachteiligten an Fähigkeiten, ja an ausgesprochenen Begabungen zu retten war. Der augenfällige Erfolg erweiterte seine Erziehungsmöglichkeiten von Jahr zu Jahr, er gewann ihnen Gönner und Freunde, durfte eine Elite seiner Schützlinge sogar am Hofe von Versailles vorstellen. Aber die französische Revolution zerstörte wie soviel des Guten auch dies Liebeswerk, weil verdächtig des caritativ kirchlichen Schutzes. Aber bestehen blieb die Tat eines Herzens, das die geistige Tat aus der Taufe gehoben hatte, diese Tat, die den flüchtigen Laut einfing, verfestigte zu plastisch fühlbarem, dauerndem Bild, der Blindheit sichtbar.

Solche Gedanken wandern in mir auf und ab, viel zu wenig unterstützt von konkretem Wissen um das Leben zweier Menschen, denen ich soviel zu danken habe. Ich weiß nicht, ob ihnen Denkmale gesetzt wurden. Doch die Blinden der ganzen Menschheit sollten sich zusammentun, um ihnen auf Bergesgipfel einen himmelanstrebenden Obelisken zu errichten.

Von den Runen über Keilschrift und Sanskrit bis zur Blindenpunktschrift. Immer gleicher Versuch im Ungleichsten, Vergängliches im Zeichen bestehen zu lassen. Das Zeichen, das aus Zahl und Maß uns aus dem Unvorstellbaren von Zeit und Raum herausrettet ...

Und so lese ich mich noch sehr langsam und ungeläufig, manchmal geleitet und immer ermutigt durch den unver-

gleichlichen Goetheschen Vers- und Heimklang des Westöstlichen:
Gottes ist der Okzident,
Nord- und südliches Gelände
Ruht im Frieden seiner Hände.
Mit vollem Bewußtsein meiner Mangelhaftigkeit, meist gerade deswegen, mache ich mich an den Extrakt einer Weltgeschichte – Vorbereitungen für das Einjährig-Freiwilligen Examen. Unerbittliche Nüchternheit, doch erziehlich gesund, und es ist gut, daß ich mich zähneverbissen durch Jahreszahlen, Namen und Fremdsprachlichkeiten hindurchfingern muß, denn das ins Dunkel versinkende Jahr gemahnt einen zu sehr ans eigene, versinkende Leben.
Herr, wie lange verbirgst Du Dein Angesicht noch vor mir?
Von vielen Abtransporten wird erzählt, verzweifelten Abschiedsszenen am Zug, in die Rahm mit der Reitpeitsche hineinhaut, andrerseits soll er ein weinendes halbwüchsiges Mädchen wieder herausgeholt haben. Was ist Wahrheit?
Neuankömmlinge aus dem Reich, aus Frankreich, aus Holland. Aufgenommen ins Prominentenhaus ein französischer Minister mit Frau und Tochter und eine neunzigjährige Holländerin mit Tochter und Schwiegersohn in je einem Zimmer.
Nicht aufgenommen eine Persönlichkeit, die es nach äußerem Ansehn und innerem Wert vor allem verdient hätte, ein Verwandter von Frau Gerty Spies, mir sogleich zugeführt und sogleich als sympathisch empfunden. – Dr. Robert Kahn, ehemaliger Direktor der biologischen Station im Institut Ehrlich. Also ein Mitbeteiligter an den Bemühungen um eine epochemachende wissenschaftliche Entdeckung. Erbietet sich mir vorzulesen, was ich gerne annehme, um Lotte zu entlasten, die leicht erkältet und schonungsbedürftig, und auf das Vertrauen meines Ohres hin, was Organ und kultivierte Sprache betrifft. Keine Enttäuschung, vorzügliche Lesetechnik und Tonart, wenn auch wieder in ganz andrer Weise als Lotte, die gern zuhört. Ein glücklicher

Griff hat uns die Briefe des Kunstgeschichtlers Lichtwark in die Hände gegeben, theoretisch wie praktisch gleich erzieherisch für Künstler wie Laien der jüngsten Vergangenheit. Und welch ein durchlichteter Stil, immer natürlich und immer künstlerisch, unwillkürlich und formsicher, jedes Wort lebenerfüllt und darum lebenweckend.

Wir sind alle drei im selben Maße mitgenommen, zwischendurch zu kleinen Diskussionen angeregt. Dr. Kahn ist ein weit übers naturwissenschaftliche Gebiet hinaus Gebildeter, vor allem dem Wort, der Erstgeburt des Geistes, zugetan.

Seine Nichte Gerty verrät mir, daß auch er sich poetisch verschiedentlich versucht habe, doch davon redet er nicht und will nicht davon geredet haben.

Ganz anders die neueste Erscheinung im Prominentenhaus selbst, klangvoll, blendend, vielbesprochen, laut Karte an der Türe ihres Parterrezimmers: Feldmarschall-Lieutnant, Exzellenz General von Friedländer.

Nach Lottes beeindruckender Schilderung: Krausköpfiger Künstlerkopf mit feurigen Augen, in der Litewka eine mittelgroß schlanke Gestalt, von der unnachahmlich saloppschneidigen Haltung des österreichischen Offiziers. Was die Chronik des Prominentenhauses gar bald von ihm zu berichten weiß – er war der Führer der ebenso heldenhaften wie vergeblichen Verteidigung der Isonzo-Front, die mit dem Fall von Görz ihr Ende erreichte. Als katholischer Halbarier hat er seine Frau freiwillig in die Verbannung begleitet.

Er macht im ganzen Haus Besuch, auch bei uns, entschuldigt seine Frau, die leidend und ans Zimmer gefesselt sei, und zeichnet mich durch besondere Freundlichkeit aus, ob meiner Blindheit wegen oder weil er mich in einem philosemitischen Lexikon als Ernst Rosmer entdeckt hat, wage ich nicht zu entscheiden. Jedenfalls bietet auch er sich mir als Vorleser an, und da ich darauf aufmerksam machen muß, daß mir in unserem Zimmer nur ein beschränktes Verfügungsrecht zustehe, schlägt er sein und seiner Gattin Zimmer als geeigneten Raum vor.

Holt mich schon den nächsten Nachmittag hinunter, und die Begrüßung mit seiner Frau ergibt, daß wir uns schon vor vielen Jahren in München im Hause Ludwig Ganghofers kennengelernt haben. Eine geborene Hevesi, Nichte des angesehenen und vielvermögenden Journalisten, war sie nach München gekommen, um ihr malerisches Talent weiter bei Heinrich Marr auszubilden und sich der allzusehr ablenkenden und in Anspruch nehmenden Wiener Geselligkeit zu entziehen. Und es dämmert mir die Erinnerung an eine hübsche, wenn auch im Wesen gar nicht typische jüngere Wienerin, zu wenig gelockert, zu wenig mitmachend den Umtrieb eines solchen Gesellschaftsabends.
Nachdem dieser Art die Personalia ausgetauscht, erhebt sich die Frage: Was wollen wir lesen?
Ich bitte um einen Vorschlag, mir alles willkommen, was ernsthafte Erkenntnis auf irgendeinem Gebiet zu vermitteln habe, vielleicht gerade auf dem mir entfernteren seiner Sphäre, die mir bis jetzt nicht erreichbar. Er ist erfreut. Ja, das träfe sich. Er habe ein Buch hierher mitgerettet, das wohl verdiene, in die Geschichte des Ersten Weltkrieges und Österreichs im besonderen als Dokument einzugehen.
Ich erschrecke ein wenig, inwendig. Denn was ich bisher an Kriegsliteratur kennengelernt habe, war, ob positiv, ob negativ, immer nationalistisch, immer tendenziös gefärbt und damit von vorneherein künstlerisch verfälscht.
Wie heißt das Buch? – Karst –. Und wie der Verfasser? – Cornel Abel. Er liest wohl von meinem Gesicht das: Nie gehört. – Ein Deckname, der eines Regimentskameraden. – So, so, denke ich, Offiziersdilettantismus ... Wir rücken dicht um das eiserne Öfchen, und der General beginnt zu lesen.
Nach den ersten zehn Sätzen wird mein Zuhören zum Aufhorchen, in der Folge zum Erstaunen, sowohl über die Art des Vortrags, wie über das Vorgetragene. Sprachtechnik und Modulationsfähigkeit des Organs angeboren, dienen einer Natürlichkeit, die mitnimmt, überzeugt, ganz einheitlich ei-

ner Darstellung, die gleichermaßen wortmächtig und wortbescheiden die Einzelheiten des begrenzten Vordergrundes sichtbar macht, den gewitterschwangeren fernen Horizont der großen Kriegsereignisse ahnen läßt.

Karst! Das Grenzgebirge zwischen Österreich und Italien, hüben wie drüben bewacht von vorgeschobenen Regimentern, hinter Mauern von Sandsäcken, an besonders gefährdeten Stellen oft nur hundert Schritte voneinander entfernt, sich gegenseitig bei Tag und Nacht belauernd, da bei geeigneter Luftströmung sogar das halblaute Wort hinüber wie herüber zu verstehen.

Karst! Kalksteingebilde, durch Jahrmillionen in Meerestiefe aus Muscheln zusammengewachsen, aufgestiegen, wie die Gewässer gesunken, bis zu tausend Meter Höhe, Zeugnis des Erdwerdens und Erdwandels. Brüchigste und verwitterndste aller Gesteinsformationen, zerfressen und zerlöchert, ins nördliche Hinterland in breite flache Mulden sich verlaufend, nach Süden wieder hoch ansteigend, um in Terrassen abzufallen, gequert von flachen oder auch mehreren Klafter tiefen Mulden kleineren Ausmaßes, den Dolinen. In einer Flachdoline hinter der Sandsackmauer, als äußerster Posten vorgeschoben, eine Abteilung Gebirgsjäger. Gelagert auf dem Hitze atmenden Kalkboden, preisgegeben und versengt von südlicher Sommersonne, ausgedörrte Kehlen, leere Feldflaschen, kein Tropfen Wasser erreichbar. Arm an Wasser der Karst, die kurzlebigen Bäche verrinnen, versickern durch das löchrige Gestein in die Tiefe.

Vergewaltigt zur Untätigkeit, unfähig zur leisesten Ablenkung saust das siedende Blut in die Ohren, ins Gehirn, ein Ungefähr von Berührung oder Laut löst Wutanfälle aus. Einige gehen mit Messern gegeneinander, Unteroffizier und ein paar bei Besinnung gebliebene Jäger reißen sie auseinander, ein vom Hitzschlag Getroffener muß nach rückwärts in den halb eingegrabenen Unterstand gebracht werden.

Und weiter die glutwürgenden Stunden, einziges Verlangen – Nacht, Dunkelheit, Menage, die in völliger Finsternis auf

Umwegen mit größter Vorsicht herangefahren kommt. Die Wagen mit Suppenkübeln und Wasserschläuchen, auf die sich vor allem die Gier der Verdursteten stürzt, die man hindern muß, sich vor Unmäßigkeit krank zu saufen. Das Essen ist gut, meist das gleiche für Mannschaft und Vorgesetzte, und gibt es mal Linsen mit Wiener Würstln, so hebt das die Stimmung, und die Hoffnung auf ungestörte Nachtruhe unter dem Schutz neu eingetroffener, ausgeruhter Wachen. Meist aber nicht zugelassen von dem beginnenden österreich-italienischen Artillerieduett, weit hinter den Fronten eingesetzt, beide gut eingeschossen. Die Italiener werden nichts zu lachen, aber auch die Österreicher manches zu beweinen haben, wenn ein blutiges Morgenrot die beiderseitigen Zerstörungen sichtbar werden läßt.

Das Drama solchen Stellungskrieges, immer lauernd, Überfalls gewärtig oder Überfall ausführend. Aufgespaltet in Einzelszenen, jede dramatisch in sich, lebendiger Vorgang. Charaktererkenntnis und Erkenntnis einer vielgesichtigen Bevölkerung, die nicht zu einem Volk zusammengeschmolzen. Prachtvoll Tiroler, Steiermärker und Kärntner und alles, was sich stammesdeutsch gegen den Osten bewahrt hat. Ausgesprochen feindselig und nur vom strengen Druck niedergehalten die Czechen, verräterisch gefährlich Kroaten und die czechisch-balkanischen Mischungen, wenn auch einzelne der Hingabe an eine Person, die ihnen einmal Schutz erwiesen, bis zur Aufopferung fähig sind. Logik und Komik, als Idee begriffen, lösen einander gleichmäßig ab.

Der alte Vater, dem es endlich gelungen, den Sohn in der vorgeschobenen Stellung besuchen zu dürfen, um ihn im Augenblick des Wiedersehns zu verlieren ... die übermüdet heimkehrenden Krankenträger, die durch jämmerlich unerklärliche Laute in die zerschossene Kirche hineingelockt werden, entdecken in der zertrümmerten Krypta unterhalb des Altars ein Reh, das flüchtend hinabgestürzt sich ein Hinterbein gebrochen hat. Erster Gedanke, dem Tier den Garaus und der Küche einen Braten zu bereiten – aber das

Katholische in ihnen, der Altar vor ihnen und die Todesangst in den Augen des hilfslos um sich schlagenden Tieres lassen es nicht zu. Sie laden es auf die Bahre und schleppen es mit, von Neugier und Spottgelächter der Kameraden empfangen. Aber nach vier Wochen tyrannisiert eine dreibeinige Rehgeiß das ganze Regiment.

Bittere Ironie das Urlaubserlebnis eines jungen Offiziers. Wiedersehen mit seiner hübschen Frau in elegantem Kurhotel, Liebe, Bequemlichkeit, Tafelgenüsse – und er verkürzt den kurzen Urlaub, weil Widerwille und Verachtung sich bis zum Haß steigern gegen diese selbstzufriedene, satte Bürgerlichkeit an der Table d'hote, die sich beklagt über die Kriegsdauer und die dadurch auferlegten Beschränkungen, sich beklagt, daß der entscheidende Sieg noch immer nicht errungen sei.

Und draußen sterben die Mannschaften, kommandiert ins Todesgehorchen, leben die Vorgesetzten unter der oft kaum mehr tragbaren Verantwortungslast des in den Tod Befehlens. Und für wen? Für dieses Zivilisationsproletariat von Spießern!

Befreiend geradezu die nach Wochen gebundener Spannung endlich einsetzende Aktion. Überfall des vor der Tür lagernden Gegners, vorsichtig vorbereitet und wirksam von der Artillerie unterstützt und ausgeführt mit einer die Gegenwehr abwürgenden Wucht. Nicht unerheblicher Geländegewinn, ihr Hauptmann ließ kühl und gelassen die Gefangennahme über sich ergehen, seiner stolzen Haltung deutlich anzumerken: Erlittene Schlappe – nichts Entscheidendes.

Doch dem österreichischen Regiment wurde für die zugleich mutige und besonnene Überrumpelung die lang ersehnte Ablösung gewährt. Von dem durchgluteten Karstgeröll hinweg in die grüne Wald- und Wiesenwelt des Hinterlandes, Unterkunft, wenn nicht in Häusern, so doch in Stadeln oder Scheunen, sich auslüften, ausschlafen und mal auch nichts tun.

Der Oberst und sein Adjutant im besten Zimmer des Pfarrhauses untergebracht. Beide damit beschäftigt, der leiblichen Heruntergekommenheit zivilisatorisch wieder etwas aufzuhelfen. Eine Depesche wird gebracht. Der Oberst, den Rasierpinsel in der Hand, die Wangen voll Seifenschaum, zum Adjutanten: Lies Du. – Der öffnet, liest, fällt auf einen Stuhl. – Was ist los? fragt der Oberst. – Volltreffer – Inspektion! – Und wann? – in drei Tagen.
Der Oberst ist nahe daran, die Fassung zu verlieren. Inspektion in drei Tagen! Die Leute abgetrieben, verschmutzt und zerrissen! Unmögliches durchholztes Gelände, wie soll sich das Regiment da aufstellen, entwickeln lassen! Er flucht. Der Adjutant sucht zu beruhigen, redet zum Guten.
Im Gelände läßt man ausholzen. – In die vorderste Reihe stellst Du all Deine Leute hin, die Auszeichnungen haben, das Blech muß die Kaiserhymne spielen – es wird schon, es wird schon – vor allem den Befehl hinausgeben.
Die Mannschaft ist nicht weniger konsterniert als die Vorgesetzten. Alle Gemütlichkeit ist weg. Arbeitsfieber, Monturen flicken, waschen, Knöpfe blank reiben, kaum daß man sich zum Essen Zeit nimmt. Im Gelände arbeiten die Pioniere, das verrostete Blech ächzt und quietscht, bis es wieder im Stande, Töne hervorzubringen.
Und der Tag kommt, er selbst kommt, der Höchstinspizierende, mit dem alten slawischen Adelsnamen, der unbeirrt eiskalt Undurchdringliche, der alles sieht, und in den jeder hineinsieht ... Aber der Regimentsehrgeiz vom ersten bis zum letzten Mann bringt es fertig, sich gut zu präsentieren, das Blech spielt tadellos begeistert die Kaiserhymne, die blankgeriebenen Knöpfe blitzen im Sonnenlicht ...
Nach acht Tagen erschien ein Schreiben des Höchstinspizierenden, der im Namen ihrer Allerhöchsten Majestät des Kaisers dem Regiment nach entgegengenommenem Bericht Anerkennung und Zufriedenheit aussprach. Laut den Versammelten vorgelesen. Nach dem Karst kehrte das Regiment

nicht zurück. Immer mehr herandrängend das Verhängnis der Isonzofront: Der Fall von Görz ...
Mehrere Nachmittage hatte das Lesen dieses Karstbuches in Anspruch genommen. Ich hatte gebeten, Lotte und Frau Wassermann an dem ganz ungewöhnlichen Eindruck von Werk und Wiedergabe teilnehmen zu lassen.
Die Wiedergabe einwandfreies Meisterstück, aus eingeborenem Volkstum, anerzogenem Soldatenberuf, und von Jugend auf durch nicht bloß schwärmende, sondern unablässig sich vertiefende Bewunderung großer Schauspieler die eigene Begabung bis ins Künstlerische gesteigert. Wie alle Wiener leidenschaftlicher Besucher des Burgtheaters, hatten auch seine Pubertätsjahre mit dem Wunschtraum gespielt, von der berühmten Bühne herab den Moment und die Menge zu beherrschen, etwa als Hamlet, den er im Laufe der Jahre einundachtzigmal gesehen. Die Autorität des Vaters und die Erziehung im Theresianum hatten wohl diesen Traum, aber nie ganz den Wusch zu verflüchtigen vermocht, ganz er selbst in etwas ganz anderem zu sein. Und das Leben sollte ihn vor solche Aufgaben stellen.
Was ich nach und nach davon erfuhr, teils von ihm, teils von seiner Frau, die ich manchmal allein zu besuchen herunterkam, war eigentümlich genug. Folgerichtig und unstimmig zugleich, denkbar unpreußisch und wiederum auch nicht als nur österreichisch zu erklären.
Erscheinungsbewußt der junge Offizier, wenn er unter schmetternder Musik mittags Schlag zwölf aus dem alten Burghof an der Spitze seiner Kompanie herausreitet auf seiner tänzelnden ungarisch-englischen Fuchsstute mit hocherhobenem Pallasch, und aus dem Zuschauergedränge eine Mädchenstimme ihn spontan begrüßt: Wie ein junger Gott! Und dieser blendende junge Offizier verliebt sich in die um zehn Jahre ältere Schwester seines Freundes Hevesi, abgewiesen kehrt er immer wieder zurück, um sie nach zehn Trennungsjahren doch noch zu erobern.

Das Wagnis schien gelungen. Die Ehe zwar kinderlos, was von beiden nicht allzu sehr bedauert wurde angesichts der häufigen Versetzungen, des Herumgeworfenwerdens in die Weiten dieses bis ins Balkanische hinausgewachsenen Kaiserreiches. Er entschädigt für berufliche unvermeidliche Unbequemlichkeiten und kulturelle Entbehrungen durch raschen Rangaufstieg, sie durch immer erneute Nahrung für ihre Maleraugen, Form- und Farbeneindrücken von Land und Leuten, die sie mit Stift und Pinsel zum Ausdruck brachte, selten von ihm getrennt, ihn tapfer auf unerleichtert anstrengenden Inspektionsfahrten begleitend.

Die erste große Trennung beim Ausbruch des Weltkrieges und nach der lang gefürchteten Kriegserklärung Italiens gegen Österreich, getarnt als sacro egoismo, die Berufung des bereits zum General Aufgestiegenen an die Isonzo-Front, auf den Karst. Mit ihm als Nahuntergebener ihr Bruder, sein Freund, Waffen- und Geistesgefährte seit langem, Hevesi.

Aus solcher Gemeinsamkeit entstanden das Karstbuch, verdankte viel an realistischer Unmittelbarkeit und volkspsychologischer Sehschärfe dem General, nicht weniger an ausgewogener Formgebung, wechselndem Wortgebild und Distanzierung vor dem Gesamtgeschehn der literarischen Begabung des Freundes.

Gelesenstes der österreichischen Kriegsbücher bald nach seiner Veröffentlichung, durch Aufnahme ins Archiv der Staatshistorischen Bibliothek geehrt, sogar ins Italienische übersetzt, deutlichste Anerkennung seiner Urteilsgerechtigkeit gegenüber dem Feind, die das Achselzucken der Napoleonischen Grande Armee über den mediocren italienischen Soldaten ablehnte.

Aber welch eine Heimkehr in die geschlagene und zerschlagene Heimat! Wien! Kaisertod, Revolutionsaufruhr, Straßengetümmel und Geschrei in den unzähligen politischen Versammlungen, Brandstiftungen. Ein paar ganz besonnen und mutig Gebliebene aus ministeriellen und militärischen Kreisen traten zusammen, um zu beraten, wie man die am

Boden schleifenden Zügel von Ordnung und Sicherheit wieder an sich ziehen und festhalten könne. Zunächst galt es wohl, die auseinandergelaufene Soldateska, die auf den Straßen disputierte oder in den Kasernen untätig herumlungerte, wieder zu sammeln, Redner in den verschiedenen Bezirken aufzustellen, die nicht davor zurückschreckten, ihr Ansehen und ihre Beliebtheit aufs Spiel zu setzen, um sich Gehör bei ihnen zu verschaffen.

Und die Richtlinien für nachher?

Der General um seine Meinung befragt, schlägt vor: Gute Behandlung, möglichst gute Ausbildung und keine Zeit lassen zum Politisieren. Er wurde als Redner aufgestellt für eine der revolutionär übel berüchtigten Kasernen, der von Ottakring.

Und er brachte es fertig, durch die ihm eigene Mischung von Leidenschaft und Laune, von Pathos und Vulgärverständlichkeit, durch Autoritätsbewahren, den kameradschaftlichen Appell an das gemeinschaftliche vaterländische Ehrgefühl, die Leute mitzureißen, sie zum Träger seines Willens zu machen, der Widerwillige zurückhielt, Flüchtlinge zurückholte, nach kurzem die verödete Kaserne überfüllte. Was dann im Kreise der Freunde ihm den scherzhaft ernstgemeinten Beinamen eintrug: Demosthenes von Ottakring.

Erneute persönliche Aktivität, von außen die wohlwollend englische Hilfe, von innen die neu erstehende Heimwehr ließen die Hoffnung nicht ganz untergehen, dem kümmerlich zurückgebliebenen Staatsgebilde der Republik Österreich neues Leben einzuflößen. Aber sein Repräsentant, Wien, die alte Kaiserstadt, hatte mit der Monarchie allen Glanz verloren. Vergeblicher Versuch, den Anschluß ans Deutsche Reich durchzusetzen. Der Fehlschlag Anlaß zu neuen Spaltungen.

Hatte die Revolution, unter deren intellektuellen Trägern auch hervorragende Juden waren, noch einen tiefsten Spalt zuzuschütten versucht, von dem Großvater des Antisemitismus, dem Wiener Bürgermeister Lueger geschaffen, so fegte jetzt Hitlers viel radikalerer Rassenhaß aus dem Reich als Vorbote nahen Gewittersturms herein. Bedrohung und Kampfansage auch dem Katholizismus und all den tief gewurzelten Traditionen seiner Kirche. Die endlich erreichte Verbrüderung mit dem zur Herrschaft gelangten Nationalsozialismus wurde von den Verblendeten mit Jubel, von den Weiterblickenden mit schweigendem, wehrlosem Entsetzen begrüßt.

Der General hatte durch seine enge Verbindung mit der Familie Hevesi längst bekundet, nicht die Rasse, nur der Wert der Persönlichkeit sei für ihn maßgebend. Hatte sich gegen Ende des Krieges einmal kritisch geäußert: Alle unsere jungen Juden sitzen im Büro, aber auch alle unsere jungen Aristokraten am Doulon!

Nachdem die Nürnberger Gesetze auch für Österreich in Kraft getreten, und jeder Gehässigkeit und Verfolgung die Türe geöffnet, blieb ihm, dem gesinnungstreuen Monarchisten und gläubig ergebenem Katholiken nichts anderes übrig, als sich von jeder Öffentlichkeit zurückzuziehen.

Aus strategisch erwachsener Vorliebe für Historisch-Geographisches machte er ein ernstes Studium, suchte in der Versenkung Vergessen eines drückend gewordenen Daseins, drückend auch im Intimen, in dem manches sich verändert.

Er selbst hatte die schwere Verwundung durch einen Granatsplitter völlig überwunden, seine Frau hatte nach lang sich hinziehender typhöser Erkrankung ihre Gesundheit nie mehr zurückgewonnen. Er war jung geblieben, sie war alt geworden. Der Abstand der Jahre schien sich verdoppelt zu haben. Dazu die Nadelstiche sozialer Kränkungen – das Karstbuch wurde verboten.

Und Ihr Bruder, fragte ich. – Zögernde Antwort: Verschollen. Ich fragte nicht weiter. Also „getürmt" oder „untergetaucht". Tarnworte – die ich in ihrer Bedeutung erst in Theresienstadt kennen- und verstehengelernt hatte. Religion und Ritterlichkeit hinderten den General, sie auf gleiche

Weise verschwinden zu lassen, sich von ihr zu trennen. Er zog es vor, nachdem er vergeblich gehofft, sie an seiner Seite sicher zu wissen, zu ihrem Schutz in die Verbannung mitzugehen. Sein hoher militärischer Rang verschaffte ihm dann auch sofort, ohne Schleuse, die Aufnahme ins Prominentenhaus. Ein gutes Parterrezimmer wurde dem Ehepaar zugeteilt, kein Mitbewohner zugemutet. Seine lebhafte Angriffslust wußte sich sofort der Situation zu bemächtigen. Verbindlich gegen alle, erkannte er rasch, wen zu näherem Umgang sich auszusuchen verlohnte. Er brauchte Menschen, auf die er wirken, aus deren Echo er sich selbst hören konnte. Durch den Katholizismus besonders verbunden mit der Familie Baron Hirsch, die schon seit mehr als hundert Jahren zu diesem Bekenntnis übergetreten war – wohl eine Bedingung für ihre Erhebung in den Adelsstand –, dem sie seitdem mit Glaubenstreue und größter Wohltätigkeit dienten. Von ihnen erfuhr ich, der General rede fast jeden Sonntag in der katholischen Gemeinde nach der gottesdienstlichen Handlung, Geistliches und Weltliches in Zusammenhang bringend, anknüpfend an jüngstes Vorkommnis oder Erinnerungswertes der Vergangenheit.

In dem geräumigen Zimmer der Barone hielt er uns und einem vergrößerten Kreis eines Abends einen Vortrag über das Papsttum des letzten Jahrhunderts. Wissenschaftlich gründlich ohne Einseitigkeit, gefühlsbelebt ohne Übertreibung, kam dieses Thema allerdings seiner Aufrichtigkeit wie seiner Verehrung nach, denn die Nachfolger auf dem Stuhle Petri hatten an geistiger Macht gewonnen, was sie an weltlicher eingebüßt. Hervorragende Gelehrte, schlackenlose Charaktere, soweit dies irdischem Gebilde möglich. Der überragendste unter ihnen, Leo der Dreizehnte, durch Wissensweite und Greisenweisheit, Welt durchdringendem und seelisch vertieftem Blick. Würdig an der Spitze der stolzest gestaffelten Hierarchie zu stehen, die ihren Priesteradel jedem königlichen gleichsetzte und doch dem dürftigsten Menschen, dem demütigen Mönchlein aus bäuerlicher Erde den Weg des Aufstiegs nicht wehrte, bis zur Ergreifung der dreifachen Papstkrone, wenn er sich nicht bloß als berufen, wenn er sich als ein Auserwählter bewiesen hatte.

Vereinigt in diesem Vortrag geschichtlich gründlich Verarbeitetes und Sohneswärme für die dämmernde Mystik der christlichen Mutterkirche. Belehrt und belebt fühlte man sich unabhängig vom beengend Allzunahen, fühlte sich freigegeben zu Gedanken ins Fernste.

Und derselbe Mann wußte mit der gleichen geschichtlich fundierten Verläßlichkeit von der Urgründung Wiens zu erzählen, von der römischen Niederlassung Vindobona, völlig hinweggeschwemmt von den Wogen der Völkerwanderung, langsam im Laufe der Jahrhunderte wieder aufgebaut zur prangenden und prächtigen Kaiserstadt. Dieses Wien mit der Standarte seines Stephanturms über dem heiligen Dunkel seines gotischen Doms und der unzerstörbaren Lebenslust seines einzigartigen Praters, Wien, das als Anziehungskraft Paris den Rang streitig machte und den vier größten Musikern der Epochenwende ins neunzehnte Jahrhundert hinein zur Heimat wurde. Musik und Theater, das war sein Ruhm und seine Leistung, und jeder Wiener fühlte sich als teilhaftig an ihr.

Der General machte kein Hehl daraus, wie sehr sein Herz an diesem zur Ostmark degradierten Österreich hing. Ob er dialektgelockert von einer Begegnung in Triest mit Hansi Niese plauderte, wo die berühmte Operetten-Diva über alle Köpfe der Gäste in dem feinen Restaurant hinweg, ihnen schallend zurief: Jesses, da schaugts, de Jagan!, ob er kaltblütig von abenteuerlicher Fahrt in der Adria berichtete, das kleine Schiff unaufhörlich kreuzend, um dem Bombenabwurf eines verfolgenden Flugzeugs zu entgehen, bis es ihm gelang, sich in eine kaum zugängliche, verborgenste Bucht der dalmatinischen Küste zu retten – alles atmete fraglose Zugehörigkeit zu eben diesem ehemaligen Österreich.

Nicht zu verwundern, daß er zu einer geschätzten Persönlichkeit im Prominentenhaus wurde. Zwar nicht bei Jedermann, manchen war er zu dominierend, nahm ihnen zuviel an Eigenbemerkbarmachung hinweg. Dafür waren ihm andere um so dankbarer, denen er über viele dunkle Winterstunden, noch verlängert durch abendliche Lichtsperren hinweghalf.

Das zweite Weihnachten! Weit trauriger als das erste. Ärmer an Hoffnungen, ärmer an Kräften. Die Heimatpäckchen verrieten: auch dort Beschränkungen, Knappheit. Man sorgte sich um die Seinen und grübelte über den Sinn oder die Sinnlosigkeit des Daseins.

Neunzehnhundertvierundvierzig!

Schleicht mit einem Gefolge von Krankheiten herein, begünstigt durch Ungünstiges – geringere Beheizung, zu geringe Ernährung – verringert die Widerstandsfähigkeit, vermehrt gefährdende Anlagen bei den Älteren.

Vater Geissmar liegt im Krankenhaus. Bei einem allzu eiligen Nachtgang hingefallen, eine Rippe gebrochen. Verhältnismäßig rasch und gut geheilt, aber der Allgemeinzustand und, wenn auch in geringem Maße Wasser in den Beinen, lassen den Aufenthalt im Krankenhaus geratener erscheinen als im Storchennest. Frau und Tochter haben besondere Besuchserlaubnis und verwenden all ihre freie Zeit dafür. Lotte geht zu ihnen sich erkundigen und bringt mir Nachricht.

Drüben aus dem Hirschpark mußte Baron Karl fortgebracht werden. Sein Gottesacker-Jodler, wie er seinen ständigen Bronchialkatarrh nannte, hatte sich zur Lungenentzündung ausgewachsen. Die Untersuchung stellte einen Lungenabszess fest. Operation nötig – oder vielleicht auch unnötig. Vorgenommen von einem ersten Prager Operateur gelang sie glänzend – um nach zwei Tagen dem Tod die Türe aufzumachen.

Drunten im Parterre ist die Generalin bettlägerig geworden. Der kalte Boden, das leistungsschwache Öfchen – sie friert beständig – Der Hausarzt meint sie besser aufgehoben im Krankenhaus unter beständiger Schwesternpflege. Sie geht nicht gerne, fühlte ihre Kräfte schwinden, allen Lebensmutes verlustig.

Laß mich nur nicht allein sterben – ihre Abschiedsworte an ihn. Er geht jeden Tag nach Tisch zu ihr, sitzt neben ihr, hält ihre Hand. Die ihre in der seinen verlöscht sie, stirbt. Er markiert keineswegs den trauernden Witwer. Besser für sie, sagt er, sie konnte nicht mehr weiter. Er kann es. Erhält im Parterre ein kleines Zimmer ganz für sich allein, eine Seltenheit. Beweis, daß die SS-Leitung ihn respektiert. Von katholischer Seite aus Wien bekommt er reichliche Päckchen zugesandt. Zu Mittag deckt er sich eine Serviette auf sein Tischchen, legt sein silbernes Besteck auf. Er will sich nicht herunterkommen lassen. Hat nur häufigen Krach mit der ihm zugeteilten Ordonnanz, die ihm das Zimmer nicht gut genug fegt, sein Geschirr nicht sauber genug wäscht. Doch im ganzen ist er nicht unzufrieden, fängt an, Erinnerungen niederzuschreiben, liest im Blindenheim vor, kümmert sich auch um andre Behinderte, bietet sich auch mir jederzeit zur Begleitung ins Theater oder Konzert an. Aber nach der vorjährigen Grippeerfahrung bin ich vorsichtig und möchte für Abendausgänge die wärmere Jahreszeit abwarten. Und gemahnt zur Vorsicht, die nicht meine hervorstechendste Eigenschaft, durch Krankheit, die unerwartet in unserem Zimmer eingezogen.

Frau Beck, die statiöse, pompöse Bridge-Matadorin, voll unersättlichem Bewegungs- und Abwechslungsbedürfnis, wird bettlägrig. Allgemeine Schwäche, geschwollene Beine, eine bestimmte Krankheit noch nicht festzustellen, doch müßte sie dem Hausgesetz nach am vierten Tag ins Krankenhaus überführt werden, wogegen sie sich wehrt. Der Verlust ihrer persönlichen Freiheit, die Beschränkungen des Krankenhauses, das Nichtangehörigen nur zweimal zu bestimmten Nachmittagsstunden den Besuch gestattet, – und beliebt wie sie ist, setzt sie es beim Arzt und durch Frau von Peci beim Hausältesten durch, in den ihr gewohnten und behagenden Verhältnissen bleiben zu dürfen, da Ansteckendes nicht

vorliegt. In Spitzenjacke und mit schön frisiertem weißem Haar empfängt sie Freundinnen und Freunde, alle bemüht, ihren Wünschen nachzukommen und ihr die Langeweile zu vertreiben.
Und nebenan im Hirschpark liegt Baronin Feury. Nicht zu Bett, aber zu äußerster Schonung tagsüber auf der Ottomane, Herzerweiterung durch Überanstrengung, seit Wochen gesteigert durch den Entzug der ins Haus gebrachten Menage. Sie muß in der beinahe eine Viertelstunde entfernten Magdeburger Kaserne geholt werden. Hölzerne Tragen, die Töpfe nebeneinander einzustellen, fertigt der Bauhof an. Franzi hat es übernommen, den meinen mitzubringen. Blieben für die Baronin immer noch vier, denn die Waldenfels ist zu schwach, ihr tragen zu helfen, und als Baron Rudi sich endlich herbeiläßt, ihr tragen zu helfen, ist der Schaden schon geschehen.
Verlust der Betreuerin für mich. Frau von Peci führt mir eine andere zu. Eine Frau Lazarus, die eigentlich ein Fräulein, aber nicht mit Unrecht ihren fünfundsiebzig Jahren es angemessen findet, sich Frau zu nennen.
Eindruck der ersten Begegnung: Eine sehr angenehme Stimme, sehr kultivierte Redeweise. Das Äußere, nach Aussage der Sehenden, dementsprechend. Züge, die ihr Alter nicht verheimlichten, aber Reiz und Regelmäßigkeit bewahrt hatten. Deutlicher in der Rundung des Rückens und leicht zitternder Hand. Im übrigen ganz Haltung und Sicherheit.
Es war nicht schwer, mit ihr bekannt zu werden und sich gut mit ihr zu stellen. Sehr pünktlich erschien sie des Morgens schon vor acht Uhr, ließ es sich nicht nehmen, mir den Rücken herunter zu waschen, das Kinn von unerwünschten Härchen zu befreien, mich nicht zum Waldmenschen werden zu lassen, wie sie sich ausdrückte. Wenn ich vom Zichorienfrühstück bei Frau Wassermann wieder herunterkam, war mein Bett zur Ottomane verwandelt, die Waschschüssel mit frischem Wasser darunter geschoben, unsichtbar gemacht. Erlaubte es die Witterung einigermaßen, so be-

stand sie darauf, mich noch eine Viertel- bis eine halbe Stunde spazieren zu führen, weil mein alleiniges Herumstolpern keine richtige Bewegung sei. Ihr Spruch beim Verlassen des Zimmers:
„Und so ziehn wir mit Gesang – In ein andres Restaurang."
In ungestörtem Gespräch zu zweit werden wir nach und nach miteinander bekannt. Oosen ihre Heimat. Der Vater von dort als armer Junge nach Amerika ausgewandert, noch das Amerika Bret Harts und der Goldgräber. Als reicher Mann heimgekehrt. Nach dem Abenteuer umsichtig gesicherter Besitz und Familiengründung. Sechs Söhne und sechs Töchter, nach strenger aber nicht enger Erziehung weiteren Bildungsmöglichkeiten im In- oder Ausland der Weg gebahnt. Die Töchter alle zufriedenstellend verheiratet, bis auf die Jüngste, Frau Lazarus, die sich nach verfrühtem Tode des Vaters verpflichtet fühlte, bei der kränklich und sehr pflegebedürftigen Mutter auszuharren. Erst als auch diese die Augen geschlossen, fühlte sie sich berechtigt, ihr Leben nach eigenen Wünschen zu gestalten, vor allem, die Welt kennenzulernen. Entgegen kam diesem Verlangen der Ruf eines Bruders und eines Schwagers, beide schon seit Jahren in Australien, als Exporteur und Importeur sich in die Hände arbeitend. Der Bruder, verwitwet, bat sie, sich der Erziehung seiner drei halbwüchsigen Kinder anzunehmen, wozu es der andern Schwester mit eigenen an Zeit und Kraft gebrach.

So kam Frau Lazarus nach Sydney, rasch akklimatisiert, zu einer Aufgabe, die ihr von jeher gelegen, nämlich durch Beispiel und Belehrung, moralisch und bildungsmäßig einzuwirken auf Jugendliche, lehrend sich selbst als Lernende zu erweitern. Erfüllte und befriedigte Jahre, bis aus den Heranwachsenden Erwachsene und bald Entwachsene wurden. Die Tochter verheiratet, die Söhne beruflich in der väterlichen Unternehmung eingesetzt. Frau Lazarus hielt sich für berechtigt und den Zeitpunkt für gekommen, die Welt nicht bloß von innen nach außen, sondern von außen nach innen zu erleben. Globetrotter! Das Wort hatte von je eine Anziehungskraft für sie gehabt, und die Neuerfahrungen und Entdeckungen in dem jüngsten Erdteil hatten sie begierig gemacht, auch die älteren kennenzulernen. Den Menschen in all seinen Verkleidungen aufzusuchen, aus seiner Landschaft und seinen Lebensformen heraus zu begreifen. Nicht bloß in den Randgebieten durchstreifte sie Indien, China und Japan, aufgespart bis zuletzt Palästina um des in ihm neugegründeten Zionismus willen.

Weder orthodox, noch irgend an äußere Gebräuche gebunden, hielt sie an dem welthistorisch-religiösen Sinn des Judentums fest, wie an dem Namen, der diese Zugehörigkeit so unumwunden verkündete. Palästina als Idee hatte sie schon lange beschäftigt. Idee, aus tausendjährig verschütteter Vergangenheit wieder eine Zukunft erstehen zu lassen, die über alle Erdteile verstreuten Nachkommen Abrahams aus der Diaspora in eine Heimat zurückzuführen, um aus geduldeten Fremdlingen ein Volk zu werden. Was sie zu sehn bekam schien ihr, wenn auch noch keine Verwirklichung, so doch Verheißung. Der von jugendlich aufopfernder und freiwilliger Sklavenarbeit entsteinte Erdboden, die ihm abgerungenen Orangen- und Zitronenpflanzungen, die Farmsiedlungen für Tierzucht .In der anstrengenden Bewirtschaftung der Egoismus überall zugunsten des Kollektivs zurückgedrängt – das versprach über unvermeidliche Erstmängel und Fehler hinweg gesunde Weiterentwicklung.

Weniger einwandfrei die zu rasch aufgeschossenen Küstenstädte Haifa und Tel Aviv. Hinter pompösen Häuserreihen unbebaute, ungeduldige Zivilisation, die noch kein Verhältnis zu den besonderen Gegebenheiten von Zeit und Ort gefunden hatte. Gefährlicher als solch von außen nur Aufgeprägtes, ein von innen heraus entwickelter hebräisch nationalistischer Hochmut. Sprachvergewaltigung und Gehässigkeit gegen rassisch oder religiös anders Geartetes.

Und sie kehrte nach Australien zurück mit dem lebhaften Willen, der Idee des Zionismus unauffällig Beachtung und

Achtung zu gewinnen. Immer bemüht, die eigenen Fähigkeiten nicht ungenutzt zu lassen und die Fähigkeiten anderer zu unterstützen, gelangte sie auf dem Wege deutschen Sprachunterrichtes in das Haus Eden. Eltern wie Kindern gleich angenehm, wurde sie auch gesellschaftlich zugezogen, was zu einer entscheidenden Begegnung führte. Lord und Lady S., auf eigener Yacht von einer Weltreise zurückkehrend, mit Eden befreundet, fanden durch eigene Beobachtung Edens Urteil bestätigt, Frau Lazarus habe durch das Gleichmaß geistiger, charakterlicher und gesellschaftlicher Bildung eine besondere Gabe, junge Menschen erzieherisch zu beeinflussen. Sie machten ihr den Vorschlag, als oberste Instanz die Erziehung ihrer drei Knaben zu übernehmen.

Frau Lazarus, an sich sehr eingenommen von der Haltung englischen Wesens, kannte England noch nicht. Sie nahm an im Vertrauen auf die anbietenden Persönlichkeiten und im Vertrauen auf sich selbst. Was sie erwartete waren Lebensformen wie aus der Forsyte Saga. Park und Schloß in der Nähe von London, entfernt genug, um jeglichen Lärm der Millionenstadt in ländlicher Ruhe und reiner Luft vergessen zu lassen und doch mit dem Auto in einer halben Stunde erreichbar. Keine Haushaltung, sondern eine Hofhaltung. Der Stab einer vierzehnköpfigen Dienerschaft, sieben männliche, an ihrer Spitze der Butler, der weiblichen die erste Kammerjungfer.

Nur mit dem Butler und der ersten Kammerjungfer verkehrten Lord und Lady. Sie unterstanden auch Frau Lazarus, die mit ihren drei Zöglingen ein eigenes Appartement von vier Zimmern mit allen Bequemlichkeiten eingeräumt erhalten hatte. Der Lunch ihr und den Kindern auf das Zimmer serviert, das Dinner gemeinsam mit ihnen und den Eltern, sie rechnete mit zur Familie. Ständig zur Verfügung für sie ein Auto, zu Ausflügen über Land, zu Nachmittagsvorstellungen, die für die Kinder geeignet, wie der „Blaue Vogel", nach London ins Theater. Man ließ ihr völlige Freiheit für die Ausgestaltung von Vergnügen wie Arbeit. Sie besprach sich mit den Lehrern der Knaben, die sämtlich ins Haus kamen, wie schwächere Anlagen zu kräftigen, ehrgeizig vordringliche zu zügeln seien. Ein selten glücklicher Ausgleich der Kräfte von Führenden wie Geführten, vom Herrn des Hauses bis zum achtjährig Jüngsten schien Dauer auf lange Sicht hin zu versprechen.

Schien! Die große Politik kümmerte sich nicht um des kleinen einzelnen noch so guten Willen. Der Sommer 1914 reifte den besten Wein und den schlimmsten Krieg. Bismarcks Cauchemar [Alptraum]– Deutschland eingepreßt zwischen Rußland und Frankreich, Zweifrontenkrieg, und als dritter Gegner in der Flanke England.

Frau Lazarus glaubte sofort, abreisen zu sollen, aber Lord und Lady S., zu bewußt ihrer Ausnahmestellung – sie hatten vor kurzem, dem englischen Staat ein Flugzeug zum Geschenk gemacht – wollten sich durch die allgemeine Panik nicht vergewaltigen lassen. Sie bestimmten, die Knaben bestürmten Frau Lazarus zu bleiben. Unauffällig, in der durch die Zeitlage gebotenen Zurückhaltung nach außen, glaubte man die gegenseitige Verbundenheit aufrecht halten zu können. Gelang auch für das erste Jahr. Dann gellte der deutsche Haßgesang gegen England so ins Maßlose gesteigert andauernd herüber, daß die Bevölkerung sich schlimmer als bedroht, daß sie sich als beschimpft empfand.

Die Dienerschaft revoltierte. Eine Deutsche jeden Tag am Tisch der Herrschaft im vertrauten Umgang mit dieser und den Kindern. Lord und Lady S. sahen ein, daß die Lage für Frau Lazarus gefährlich werden könne. Mit dem Aufgebot aller ihnen zu Gebote stehenden diplomatischen Verbindungen ermöglichten sie ihr die Rückkehr nach Deutschland. Zunächst nach Berlin, wo einer ihrer Brüder seit Jahren als angesehener Arzt, als Sanitätsrat ansässig war.

Überstand die Erschütterungen des deutschen Zusammenbruchs, die Kämpfe der Revolutions-Putsche und Attentate, verzweifelte nie, immer bereit an irgendeiner Stelle der Partei der Sozialdemokratie, die aus den „Vaterlandslosen Gesellen" zur staatserhaltenden Partei geworden, beizustehen. Erst nur bedenklich, allmählich aber bedrohlich, das aus dem Sumpf des Debakels sich entwickelnde Schlinggewächs des Nationalsozialismus, eines der glücklichsten Schlagworte für das ins Unglück geratene Volk. Die scheinheilige Legalität der Machtergreifung Hitlers im Jahre 33 ließ keine Täuschung mehr darüber zu, daß Diktatur, mehr oder minder verschleiertes Verbrechen, dem Nichtarier jegliche Lebensmöglichkeit abdrosselten. Die Diffamierung durch den öffentlich zu tragenden gelben Davidstern war die Aufforderung zur Beschimpfung, die als großartige Siege gefeierten Überrumpelungen an sich schwächerer Gegner, wie der Tschechei, Österreichs und Polens gaben den erwünschtesten Anlaß, die Heimat durch Abtransporte aller Gebrandmarkten zu entlasten, die eroberten Gebiete wie Polen vor allem mit Arbeitskräften zu versehen. Die Gestapo arbeitete mit eisiger Brutalität. Der Bruder von Frau Lazarus, dem längst jede ärztliche Tätigkeit untersagt, war als einer der ersten Anfang '42 nach Theresienstadt fortgeschafft worden.

Im nächsten Jahr folgte Frau Lazarus, die lange Zeit bei Freunden untergetaucht war. Sie fand den Bruder nicht mehr am Leben. Dagegen eine verheiratete Schwester mit ihrem Mann aus Posen, die sich in einer nicht allzuschlechten Unterbringung mit ihrem Schicksal abgefunden hatten und unzerbrechlich auf Übersiedlung hofften.

Frau Lazarus, die mit sieben anderen weiblichen Wesen in eine Dachkammer eingepfercht, vermochte nicht das stille Sitzen zu ertragen und das sich ewig im Kreise drehende, nutzlose Sichselbstbeklagen mit anzuhören. Obwohl sie ihres Alters von fünfundsiebzig Jahren wegen zu keinem Arbeitsdienst mehr verpflichtet war, hatte sie sich freiwillig bei der Blindenfürsorge gemeldet, war mir von dieser für die erkrankte Feury zugewiesen worden, was sie verbindlich lächelnd als Glücksfall bezeichnete.

Auch bei meinen Zimmergenossen verstand sie es, sich beliebt zu machen. Besonders bei Frau Beck, für die sie Wege machte, ihr die besonders verordnete Kost aus der Diätküche holte, die Kissen frisch aufschüttelte. Dafür zur Teilnahme an dem und jenem Sondergericht aufgefordert, denn Frau Beck aß sehr wenig. Nichts schmeckte ihr, mal eine Sardine, die ich ihr aus einer neu angekommenen Büchse anbieten konnte. Sie, die Bridge-Matadorin, die mit so vielen Menschen in Verbindung gewesen, bekam auffallend wenig zugeschickt. Das Bridge, den Sinn seines Namens verleugnend, schien keine rechte Brücke für Freundschaften.
Frau Lazarus sagte, Frau Beck gefalle ihr gar nicht. Zu andauernd geschwollen die Beine und immer höher hinauf. Der Arzt macht jetzt Einspritzungen, die zwar das Wasser abzuleiten, zu vermindern schienen, aber noch mehr die Kräfte.
Eines Nachts war Frau Beck nicht mehr im Stande, das für sie ans Bett gestellte Hilfsgeschirr emporzuheben. Es verunglückte und die arme Baronin mußte mitten in der Nacht aufstehen, hinaustragen, aufwaschen. Am nächsten Morgen verlangte Frau Beck selbst ins Krankenhaus. Wie uns gemeldet wurde, am Abend schon bewußtlos, am nächsten Morgen tot. Und die Krankheit? – Hungerödem.
Niemand hätte geglaubt, daß die statiöse, pompöse, von Lebensbegier gewissermaßen getriebene Frau den Verhältnissen, die für sie noch immer nicht die ungünstigsten, erliegen würde. Und daß sie im Prominentenhaus kaum mehr als eine räumliche Lücke hinterließ. Mit allen war sie in Verbindung getreten, immer bemüht, sie fortzuführen, hatte Einfluß geübt und Gefälligkeiten erwiesen, sogar darüberhinaus, wie im Fall meines Zimmerverbleibs. Aber es kam keine Wärme von ihr, das Konventionelle dominierte, ließ Unmittelbares nicht zu und hinterließ keine Erinnerungskraft.
Das Jahr '44 zeigte kein gutes Gesicht. Von Geissmars hatte ich lange keinen mehr gesehen. Lotte machte den Verbin-

dungsoffizier und brachte mir Nachricht. Er lag noch immer im Krankenhaus, kein bestimmtes Leiden, nur allgemein geschwächt und schonungsbedürftig. Frau und Tochter hatten die seltene Erlaubnis, ihn täglich besuchen zu dürfen. Verwendeten jede freie Minute darauf. Ich schickte Geeignetes aus dem mir Zugesandten und sorgte mich.

Eine neue Bedrohung tauchte auf – der Glimmer. Was war das? Ich mußte es mir erst erklären lassen. Ein glasiger Schieferspath, der mit dem Messer in feinste Blättchen gespalten als unverbrennbar kostbarstes Isolierungsmaterial für feuergefährdete Maschinen waggonweise ins Reich zur Kriegsführung verschickt wurde.

Mehrere hundert Frauen Tag für Tag mit dem Morgengrauen in eine Baracke kommandiert, an langen Tischen sitzend die mehr schwierige als schwere, geisttötende Arbeit vorzunehmen. Unter strenger Beaufsichtigung, angespornt durch die Drohung: Wer nicht genug leistet, kommt in Transport! Norm waren fünfzig Gramm.

Gefährdet, wer darunter blieb. Bei manchen steigerte, bei manchen verminderte die Angst die Geschicklichkeit. Diebstähle kamen vor. Die Not erniedrigt von Häßlichkeit. Selten, daß eine den Mut fand, eine Art von Gemeinschaftsgesang anzustimmen, um kurzfristig dem entnervend unaufhörlichen Redegeräusch zu begegnen. Eine Glimmerballade, von der begabten Verzweiflung einer jungen Frau gedichtet und einer bekannten Melodie untergeschoben.

Immer mehr Opfer forderte der Glimmer-Moloch. Lotte ergriffen, trotzt einer Sehnenscheidenentzündung am rechten Arm. Und zum größten Erstaunen des Prominentenhauses sogar Franzi. Außer sich darüber, nicht nur wegen des Morgenganges in nassem Halbdunkel auf schmutzerweichten Straßen, noch mehr der Mutter wegen, ohne jede Hilfe, auf die Zufallsbereitwilligkeit einiger anderer zurückgelassen. Wagte es mit dieser Begründung und im Bewußtsein, daß der Name Schneidhuber höheren Orts nicht schlecht angeschrieben war, beim Ältestenrat vorstellig zu werden. Und erreichte die Befreiung unter der Bedingung, im Prominentenhaus Zimmerdienst zu übernehmen. Denn die Putzkolonne war längst auseinandergefallen aus Mangel an Arbeitskräften, zu viele in den Glimmer oder Transport geraten. Die sporadisch eingestellten Einzelhilfen taugten nichts oder versagten. So mußte Franzi auch in unserm Zimmer jeden Tag kehren und aufwaschen ohne Lust und Liebe, aber alles besser als der Glimmer.

Lotte bekam ich kaum mehr zu sehen, nur an den Tagen, wo ein Schichtwechsel ihr den Nachmittag frei ließ. Meine erste Frage regelmäßig nach Geissmars: Wie geht es? – Leise: Nicht gut ... Da wußt ichs schon ... Tot? Ja.

Sie ließ mir Zeit, bis ich mich soweit wiedergefunden, überhaupt hören zu können. Langsam verstand ich, was ich nicht begreifen wollte. – Vor zwei Tagen gestorben. Schon beerdigt. Martha würde demnächst zu mir kommen. Die Mutter sei noch nicht im Stande.

Nach einigen Tagen kam Martha. Erzählte vom letzten Beisammensein der Eltern. Zur gewohnten Nachmittagsstunde auch sie an seinem Bett. Leise, freundliche Unterhaltung. Er klagte über nichts, nur diese anhaltende Müdigkeit ...

Als er verstummte und die Augen schloß, glaubte sie, er wolle ein wenig ruhen, sie rührte sich nicht, ihn nicht zu stören. Geängstigt durch die andauernde Stille suchte sie leise nach seiner herabhängenden Hand – sie war schon kalt. Er war im Schlaf gestorben. An Marthas Arm vermochte sie dem Begräbnis beizuwohnen. Nun war sie verstummt. Die Hälfte ihres Ich war mitbegraben worden.

Wie von jedem ein Teil, der Vater Geissmar gekannt und geliebt hatte. Diesen anspruchslos hochstehenden, heiter gütigen, außergewöhnlichen und schlichten Mann. Vorbei. Erlegen den elenden Zuständen der Unterbringung und Ernährung. Vierundsiebzig war er alt geworden. Gefährliches Grenzalter. Aber er hätte es überstehen können. Und nun – Nicht mehr – Nie mehr ...

Nach einigen Wochen kam sie. Gefaßt, nur mehr Gefäß der Erinnerung an ihn. Ganz in seinem Sinne weiterzuleben – weiter habe sie keine Aufgabe mehr.

Trübe, trübe Tage, trotzdem der März den Himmel hellte, und man nicht mehr soviel Brot opfern mußte, um sich vom Bauhof Holzabfälle für die Heizung zu verschaffen.

Frau Elsa, Sie gefallen mir gar nicht – empfing mich morgens Frau Wassermann.

Abends fing mich der General auf der Treppe ab, um mir gleiche Unzufriedenheit zu äußern. – Durchhalten, durchhalten, Gnädigste, nicht den Kopf hängen. Werd Sie mal ausführen ...

Und er besorgte Karten für sich und mich zu einem Konzert des Collegium musicum – Vereinigung für alte Musik. Auf die Minute um sieben Uhr, wie er sich angesagt, holte er mich ab. An seinem Arm, sein Schritt dem meinen angepaßt, die zwanzig Minuten bis zu der Sokolowna, ehemalige Turnhalle, die sich die Czechen noch erbaut hatten. Stattliches Gebäude, im ersten Stock ein schöner Saal mit Bühnenpodium. Man saß an kleinen Tischen, der General eroberte einen nicht zu weit mitten vor dem Podium stehenden und ging nochmals an die Eingangstür, das dort angeschlagene Programm zu lesen, übrigens jede Nummer vor ihrem Beginn angesagt. Am Klavier James Simon, als Musiker wohl der Bedeutendste von allen Mitwirkenden, Instrumentalisten und Sängern.

Alte Musik! Deutsche, italienische und französische. Welch wunderbare Sicherheit des Formwillens, welche Vielfalt in der Begrenzung. Mir bekannt, was von Bach und Händel, Gabrieli und Corelli wiedergegeben wurde. Mir neu ein Stück von Rameau, dem französischen Bach, eigentümlich leidenschaftlich und widerspruchsvoll in sich bewegt. Am besten die Instrumentalisten, Geige und Gambe, die Sängerin ihre große Stimme zu opernhaft auswertend. Stilreinst der Pianist, Verwirklichung ohne allen Aufwand, dienende Beherrschung.

Sämtliche dieser Leistungen vom Hintergrund einer Lage abgehoben, der verdunkelt genug war. Schlechte Ernährung und schlechte Wohnung, Gefangene, Wehrlose, immer bedroht, vom Schlimmen in noch Schlimmeres zu kommen. Und man fühlte, sie vergaßen all dies in der künstlerischen Ausübung und machten es einen vergessen.

Vergessen! Das wars wohl, worauf es ankam. Vergessen, was an zwei Jahren bald, hinter einem, – nicht wahrhaben wollen, was noch vor einem lag. Gesunkene Stimmung von allen Seiten hereingetragen. Im Abbröckeln die heilige Dreisteinigkeit. Edelstein verschwunden. In Transport gekommen, munkelte man, weil er anderen hatte heraushelfen wollen. Von Eppstein hörte man kaum mehr, nur Murmelstein behauptete sich. Obwohl auch er schon einmal von Rahms Wutanfällen mit Erschießen bedroht, weil beim nächtlichen Ausbruch eines Brandes in der Schuhbaracke ein eingerosteter Hydrant nicht rasch genug in Funktion gesetzt werden konnte. Wofür dem Vorstand der Feuerwehr die Zähne eingeschlagen wurden.

Die Brutalitäten mehrten sich. Baron Rudi, der fröhliche Landmann, arbeitete mit drei anderen Herren auf dem Feld. Plötzlich einsetzender nasser Schneesturm zwang sie, die Arbeit zu unterbrechen und unterm Dach eines offenen Schuppens notdürftigen Schutz zu suchen. Rahm zu Pferde vorbeisprengend, gewahrt sie. Herunter vom Pferd, die Faulen beschimpfend, mit der Reitpeitsche auf sie losschlagend. Dem Baron ein Faustschlag ins Gesicht, ein Fußtritt in den Magen, daß er hinstürzt, einem andern Herrn mit dem Stock der Reitpeitsche der Oberarm zerbrochen.

Als Rahm erfuhr, er habe einen Angehörigen, sogar einen Prominenten des Prominentenhauses so übel behandelt, schien es ihm doch nicht angenehm. Baron Rudi wurde verboten, auf dem Feld zu arbeiten. Er meldete sich, alter Chemiker von Beruf, ins Laboratorium.

Gefahren auch da. Von der SS-Spionage ein im Laboratorium verlorenes Notizbuch gefunden, das den Schleichhandel mit Zigaretten verriet, zwar nicht den Namen des Inhabers, aber den einiger Schuldner für bereits gelieferte. Baron Rudi nicht darunter.

Der unglückliche Inhaber, als er es erfuhr, sicher des Ergriffenwerdens, stürzte sich vom Dach der höchsten Kaserne, der Dresdener, in den Hof herunter.

Ein Menetekel auch für die Unschuldigsten, und wer war ganz unschuldig? Von dem verheimlichten Reichsgeld hatte mir Franzi Kartoffeln gekauft, Lotte sogar Sacharin verschafft. Hundert Stück fünfzehn Mark. Teuer. Aber wie hätte man sonst tagtäglich die Zichorie hinuntergebracht. Manchmal auch des Abends die einzige Menage.

Die uns neu zugeteilte Zimmergenossin ganz das Gegenteil ihrer Vorgängerin. Obwohl Österreicherin, ablehnend herb, verriet ihr Wesen nichts von der Anmut der Landschaft, aus der sie kam, von Graz. Die Baronin wußte schon von ihr durch Margot, deren Schwester sie war, und hatte sich bei Frau v. Peci für sie eingesetzt. Frau Presinger hatte einen Tagesposten in der Dampfwäscherei, verantwortlich für Annahme wie Ausgabe und Rückgabe der Wäsche, verließ das Haus schon um sieben Uhr morgens und kehrte erst zur Abendmenage zurück. Anstrengend diese andauernde Arbeit, gab sie zu, aber wie solle man diese Existenz hier aushalten! Arisch verwitwet, war es ihr lange gelungen, sich zu tarnen, bis ihre Sendungen an die Schwester nach Theresienstadt sie verraten hatten. Und wie diese, war sie von einem unbelehrbar erbitterten Judenhaß durchdrungen. Was man ihr auch vorhalten mochte von nächstem und fernstem Verdienst der verfemten Rasse, sie kam immer wieder darauf zurück: Sie haben nicht in Österreich gelebt!

Daß sie trotz ihres feuerfesten Hasses doch private Ausnahmen zuließ, wie für meine Person, die sich keinerlei Vorliebe von ihr erwartete, stellte ich erst, als wir schon des längeren getrennt waren, mit Sicherheit fest. Sie hatte nämlich allmählich meine schon sehr brüchig gewordene Wäsche gegen bessere Stücke umgetauscht, und meinen auftauchenden

Verdacht immer wieder abzulenken gewußt: Reden Sie doch nicht, Sie sehen doch nicht. Glatter Diebstahl, der ihr Gewissen in keiner Weise belastet, während sich meines bei der Erinnerung daran jedesmal peinlich regt.

Eine andere Einquartierung sollte uns weit lästiger fallen. Entdeckt von Frau Lazarus hinter einem der alten Ölgemälde, die in Erwartung der internationalen Kommission zur Vortäuschung von Geschmack und erhöhter Wohnlichkeit bei uns aufgehangen worden, das hübscheste ein Blumenstück, von der Baronin für sich über ihre Couch ausgesucht. Eines Nachts von ungewohnten Stichen beunruhigt, klagte sie es morgens Frau Lazarus, die sofort Verdacht schöpfte, das anmutige Blumenbild herunternahm, umdrehte – dahinter ein Wanzennest. Das Bild sofort entfernt und verbrannt, aber es war schon zu spät.

Eingenistet das widerlichste allen Ungeziefers, weil stinkend – die Wanze. Verloren das Vertrauen zur nächtlichen Wohltat des Bettes, man ängstigte und ekelte sich von vornherein. Hautempfindlich weckte mich die leiseste Kriechberührung, fand und faßte das Ungeziefer meist, ehe es noch zum Biß gekommen, zerdrückte es in bereit gehaltenem Papierfetzchen oder Watteflöckchen. Bis ich mir die Fingerspitzen in bereitgehaltener Wasserschale gereinigt, war der Schlaf dahin. So ging es sechs bis siebenmal in der Nacht, was Frau Lazarus des Morgens an der Anzahl der Wanzenleichen konstatierte.

Fliegen und Flöhe hatte ich kennengelernt, Läuse waren mir erspart geblieben, nun sollte mir die Wanze den mühselig bewahrten Rest des Sauberkeits- und Selbstgefühles nehmen, Herabminderung auch des moralischen.

Langsames Einsinken in den Sumpf der Misere. Körperlich geschwächt, seelisch zweifelhaft geworden, dieser Gefangenschaft jemals wieder zu entrinnen. In bald zwei Jahren verbrauchte Hoffnungsfähigkeit. So sehr man sich auch bemüht, gleichmäßige Gelassenheit an den Tag zu legen.

Selbst das unverkürzt wiederkehrende Maienwunder weckt einem mehr Wehmut als Wonne.

All der Überschwang von Blüten und Duft vermochte nicht hinwegzutäuschen über Mißgerüche und Hunger, Beklemmung und beständige Bedrohtheit der Gefangenschaft. Jedes Schlimme erschien einem nur Vorbote eines Schlimmeren.

Um so mehr ein Windstoß in die Stagnation der allgemeinen Stimmung das Bekanntwerden von der Ankunft eines Abgesandten des Roten Kreuzes aus der Schweiz.

Seine Botschaft: Für zweihundert Juden die Auswanderung nach Palästina ermöglicht. Frau Lazarus meldete sich sofort. So groß der Andrang, daß die festgesetzte Zahl schon in einem Tag überschritten war. Dr. Baeck, der sich zum Erstaunen der Prominenten auch gemeldet, trat selbstlos zurück, um Bedürftigeren seinen Platz zu überlassen. Murmelstein, was vielleicht erstaunlicher, hatte sich nicht gemeldet. Verlautete, er wolle die Gemeinde nicht verlassen.

Von begierigen Ohren aufgefangen und noch begierigeren Zungen weitergeleitet, was von der bevorzugten Höflichkeit verlautete, welche dem Abgesandten des Roten Kreuzes, einem französischen Schweizer – sein Name mir nicht mehr im Gedächtnis – entgegengebracht wurde. Angesichts der prächtigen Blumenbeete und der Bänke auf dem Marktplatz, davon zahlreiche in der Lindenallee weitergeführt, war es nicht schwer, ein vorbildliches KZ vorzutäuschen.

Dann wurden die Glanzstücke vorgeführt, Elektrizitätswerk und Dampfwäscherei, im Krankenhaus der Hohen-Elbe die neueingerichtet hellsten Säle, im Kinderheim mit weißlackierten Bettchen das hübscheste kleine Mädchen abgerichtet, dem SS-Führer die Hand zu reichen: Onkel Rahm, wann gibt es wieder Sardinen?

Dahingestellt, ob letzteres auf Wahrheit beruhte oder frei erfunden Anekdotisches.

Unbestreitbar eine Verbesserung der Menage in diesen Tagen, so daß sie eine etwa von dem Gast verlangte Kostprobe nicht zu scheuen brauchte.

Immer geleitet und dirigiert, konnten kleine Entgleisungen von ihm in der sorgfältig vorbereiteten Komödie nicht vermieden werden. Sein erster Besuch im Prominentenhaus galt der französischen Familie, für die er besondere Instruktionen mitgebracht. Scharfe Aufpasser der französisch geführten Unterhaltung, zwei SS besonders als einigermaßen des fremden Idioms kundig ausgewählt. Der Ex-Minister schien keinerlei Klage laut werden zu lassen, die Tochter schwieg gesenkten Hauptes – der Schweizer wandte sich an die alte Dame, ob sie eine Beschwerde vorzubringen habe? – Verneinend schüttelte sie nur den Kopf, um dann in Tränen auszubrechen. So wiedergegeben von Frau v. Peci, die gerade anwesend.

Unter dem vorgeschützten Bedürfnis von Nachmittagsruhe war es dem Gast gelungen, sich auf kurze Zeit der ehrenvollen Bewachung zu entziehen. Er brach aus zu einer kleinen Streife. Trat da und dort ein und überzeugte sich von der Kehrseite der Medaille. Heruntergekommene überfüllte Räume, unmögliche Latrinen, hungernde Menschen, die aus den in den Hof geworfenen Abfällen einer großen Küche angeschnittene Kartoffeln heraussuchten.

Am nächsten Tag reiste er ab unter Mitnahme der französischen Familie, hinterließ den Auswanderern das Versprechen der Abholung in einigen Wochen.

Noch blühten die Junilinden, als der General eines Morgens hereingestürmt kam: Die Amerikaner gelandet! In Frankreich zwischen Boulogne und Calais – ungehindert – nun kann es nicht mehr lange dauern. Er hatte es von den czechischen Gendarmen, die vom Prager Radio.

Jubelte man? Nein. Man hatte sich über die Hoffnung hinausgewartet. Man begriff die allgemeine Aufregung, ohne sich von ihr mitreißen zu lassen.

Frau Wassermann und ich gingen, das unter allen Umständen historische Ereignis Frau Geissmar mitzuteilen. Sie wohnte nicht mehr in der Kaserne, war wegen hochgradiger Blutarmut im Rekonvalescentensaal eines kleinen Krankenhauses untergebracht. Die Behandlung schien anzuschlagen und sie wieder in die Höhe zu bringen. Sie durfte schon den halben Tag auf sein, konnte, da der Saal ebener Erde, ans offene Fenster kommen.

Sie hatte wie immer eine Strick- oder Näharbeit in der Hand. Nachdem sie uns angehört, glitt ein trauriges Lächeln über ihr Gesicht. Wenn mein Mann das noch erlebt hätte ...

Nicht bloß, um mir wieder eine Auffrischung zu bereiten, sondern, wie er sagte, um sich selbst über seine ungeduldige Erregung hinwegzubringen, holte mich der General zu einem Nachmittagskonzert der Madrigalvereinigung in die Sokolowna, in die gut gewählte Intimität eines kleinen Saales.

Nur achtzehn Personen, zehn Damen und acht Herren hatten den Mut gefunden, sich zu der hohen Verantwortlichkeit des a-capella-Gesanges zusammenzuschließen.

Kehle und Seele hielten sich das Gleichgewicht. Die Reinheit der Intonation schöner und zusammengeschulter Stimmen bewahrte die Festhaltung der Tonhöhe, der Verzicht auf jede Vordringlichkeit individuellen Ausdrucks die Sphäre der edlen Typik des schematischen Baus dieser Kunstform. Es war das letzte Mal, daß diese Vereinigung sich konnte hören lassen. Bald darauf entriß ihr der Transport mehrere ihrer stärksten Stützen. Auch das Collegium musicum schien bereits bedroht.

Auch ohne die Nachrichten von der Verschlechterung der Lage im Reich wäre sie an der Verschlechterung der Lage im Ghetto wahrzunehmen gewesen. Tobsuchtsanfälle in Hitlers Reden, getreu durch das Radio übermittelt, gegen das Judentum. Einzig das Judentum trage Schuld an allem. Aber nun werde bald ein Ende damit gemacht werden. Man sah sich an. Was hatte man noch zu erwarten?

Im Juli das Attentat auf Hitler, die Brandbombe. Mißlungen? Da die Verbrennung nur zweiten Grades. Zu früh frohlockten die in Kuchen eingebackenen Zettel. Der Attentäter, ein Graf Stauffenberg, erschoß sich. Hitler blieb am Leben.

Die zweihundert Zionisten waren schon mit Lastautos abgeholt worden. Von Tausenden beneidet. Vereinzelte Nachrichten kamen noch aus der Schweiz, die nicht einwandfrei glücklich klangen, dann hörte man nichts mehr von ihnen.

Schwüle, Gewitterschwüle, Gereiztheit aus gegenseitigem Überdruß. Die Wohnwirtschaft hatte neu eingetroffene Holländer ins Prominentenhaus eingezwängt. Franzi und ihre Mutter hatten in ihr enges Dachstübchen noch eine Dame aus Berlin aufnehmen müssen. Sehr feine Dame an und für sich, aber durch die aufgedrungene Enge mußte man sich gegenseitig unleidlich werden. Franzis Temperament in Verteidigung der Rechte der Mutter ging wohl zu weit, es kam zu Szenen und Tränen.

Nie fühlbarer als in diesen Tagen die Abhängigkeit von Nerven und Wundgeriebensein. Was einem der General, der jede Bewegung des Krieges auf der Karte verfolgte, auch auseinandersetzen mochte: Verloren für Deutschland! – der Glaube, ihn zu überstehen, war einem wankend geworden.

Vor dem Bauschowitzer Tor war ein Krematorium gebaut worden, wurden rätselhafte Baracken errichtet, deren Bedeutung sich niemand erklären konnte.

An- und Abtransporte lösten sich in immer rascherer Folge ab. Was sie nahmen, war oft das Beste an Menschenwert – plötzlich erfuhr man, daß auch James Simon verschwunden – was sie brachten, das Schlechteste vom Schlechten, östliches Gesindel, das abends die Straßen unsicher machte, bettelte und stahl und zu noch Schlimmerem fähig schien.

Ein neuer Name als Ziel der Abtransporte aufgetaucht: Auschwitz. Nicht sehr entfernt von Theresienstadt, noch in der Czechei. Fabrikort hieß es, der Arbeitskräfte benötige. Hieß es! Warum nur ein unerklärliches Gefühl sich sträubte, es als bündige Wahrheit anzunehmen ...

Nichts darüber zu erfahren. Das Prager Radio schwieg, somit auch die czechischen Gendarmen. Auffällig nur, wie viele Frauen und sogar Halbwüchsige nach Auschwitz abtransportiert wurden. Alle in die Fabrik?!

Lähmende Windstille der Stimmung, Herbstnebel über der Landschaft. Sich mehrendes Warnungsgeheul der Sirene, meist um die Mittagsstunde, wenn alles zum Menagefassen unterwegs war, und jeder sofort ins nächste Haus flüchten mußte, festgehalten bis zur Entwarnung oft eine Stunde und länger. Bombenabwürfe waren kaum zu befürchten. Die scheinbare Ausgestorbenheit sollte das Städtchen nur der Orientierung der feindlichen Flieger möglichst entziehen. Und hätten die zweihundert SS-Kerkermeister nicht für das eigene Leben gebangt, was hätte ihnen Lieberes geschehen können, als die Vernichtung dieser Handvoll Juden mit einem Schlag.

Der Oktober nahm den November vorweg, so trübselig und verdunkelt. Transportgerüchte schlichen umher, bis sie unwiderleglich hart auftraten. Wer mirs zuerst gebracht, weiß ich nicht mehr, wahrscheinlich Franzi, die soviel unterwegs: Frau Geissmar in den Transport befohlen. Martha hatte sich sofort freiwillig zur Begleitung der Mutter gemeldet. Sie ließen grüßen, hatten nicht Zeit mehr zu kommen, alle Hände voll zu tun, ehe sie in die Sammelkaserne mußten. Seien guten Mutes.

Den nächsten Vormittag eine Frau, die mit Lotte zusammengewohnt. Lotte war bei ihren Stubengenossinnen nicht beliebt gewesen, das wußte ich. Zu freimütig, zu schlagfertig mit Erwiderungen, nicht gewillt, sich Ungerechtigkeiten gefallen zu lassen. Jetzt floß diese Frau über von Mitgefühl. Um zwei Uhr nachts hatte Lotte den Befehl erhalten, sich bis acht Uhr morgens in der Sammelkaserne einzufinden. Sämtliche Frauen hatten wie „ein Mann" erklärt, sie solle sich wieder hinlegen, alle miteinander würden helfen, ihre Sachen zu packen. Zwei wären morgens mit ihr gegangen, das Köfferchen bis zur Kaserne zu tragen. Sie konnte doch nicht mit der kranken Hand. Viel Liebes sollte man mir bestellen, und ich möchte mich nicht zu sehr kümmern.